UN이 선정하고
세계가 배우는 | 포르투알레그리의

주민참여예산제도

UN이 선정하고
세계가 배우는 | 포르투알레그리의
주민참여예산제도

이안 브루스 Iain Bruce 엮음 | 최상한 옮김

일러두기

1. 인명과 지명 등 중요한 고유명사는 본문 맨 처음에 원어를 병기했습니다.
2. 단행본과 잡지는 《 》로, 논문은 〈 〉로 표기했습니다.
3. 국내에 번역·출간된 책이나 논문은 번역 제목에 원제를 병기하고, 출간되지 않은 책이나 논문은 원제에 번역 제목을 병기했습니다.
4. 지은이 주는 미주[1]로, 옮긴이 주는 각주[*]로 처리했습니다.

포르투알레그리에서 배우자

우리나라 사람들은 흔히 남아메리카와 라틴아메리카를 같은 말로 여겨 혼용한다. 라틴아메리카에는 동양인과 유사한 원주민이 사는 나라들이 있으며, 스페인어를 사용한다고 생각한다. 할리우드 영화의 영향을 많이 받아서 간혹 조연으로 등장하는 멕시코 사람을 전형적인 라틴아메리카 사람이라고 여기기도 한다.

지금의 미국 캘리포니아, 텍사스 등은 멕시코 땅이었다. 그래서인지 라틴아메리카라고 하면 스페인어를 사용하는 멕시코 사람을 먼저 떠올린다. 우리는 축구를 통해서도 라틴아메리카를 안다. 라틴아메리카를 대표하는 축구 강국은 아르헨티나와 브라질이다. 메시와 마라도나는 아르헨티나의 세계적인 축구 선수다. 브라질에는 네이마르와 펠레가 있다. 1986년 멕시코 월드컵 공식 주제가 'Olé Olé Olé'와 2010년 남아공 월드컵 응원가 '올레 코리아'의 올레는 '힘내라' '좋아' 등을 뜻하는 스페인어다. 우리는 이렇게 영화와 축구를 통해 라틴아메리카의 이미지와 스페인어를 접한다.

하지만 멕시코는 남아메리카가 아니라 미국과 캐나다가 있는 북아메리카에 속한다. 아메리카 대륙은 북아메리카, 남아메리카, 중앙아메리카로 구성된다. 북아메리카의 멕시코, 중앙아메리카와 남아메리카는 문화적으로 라틴민족의 식민 지배를 받아 '라틴아메리카'라고 불린다. 미국과 캐나다를 뺀 거의 모든 아메리카 지역은 라틴아메리카 문화권이다.

라틴아메리카의 언어에는 스페인어와 포르투갈어가 있다. 북아메리카의 멕시코를 포함한 라틴아메리카 국가는 21개국이다. 중앙아메리카에는 과테말라, 니카라과, 파나마 등 7개국, 남아메리카에는 브라질, 페루, 칠레, 아르헨티나, 우루과이 등 13개국이 있다. 이 나라 중 유일하게 브라질이 포르투갈어를 사용한다. 브라질의 인구는 2억 900만 명으로 아메리카 대륙에서 미국 다음으로 인구가 많다. 라틴아메리카의 인구는 6억 5000만 명, 남아메리카의 인구는 4억 3000만 명 선이다. 남아메리카의 인구 절반이 사용하는 언어가 포르투갈어라고 할 수 있다. 다시 말해 남아메리카에서는 스페인어와 포르투갈어가 절반 비율로 사용된다.

우리는 칠레산 홍어를 먹고, 아르헨티나 포도주와 콜롬비아 블루마운틴 커피를 마시면서 브라질의 삼바 춤을 이야기하고, 라틴아메리카에 가면 한글이 찍힌 국산 중고 승합차가 다닌다는 정도로 라틴아메리카를 안다. 하지만 라틴아메리카의 근현대사에 서린 식민지 청산 운동, 민족해방운동, 쿠바혁명, 산디니스타 혁명, 베네수엘라 혁명 등의 정치 이념과 체제에는 까막눈이다.

어떻게 보면 라틴아메리카를 너무나 모른다고 해도 과언이 아니다. 스페인과 포르투갈의 식민 지배를 받고, 잉카와 마야 문명 같은 기념비적 유물을 간직한, 가난한 나라가 많은 대륙으로 여길 뿐이다. 그러나 20세기에 군부독재 정권, 토지 자본, 자본주의, 신자유주의, 세계화 등과 치열하게 싸우면서 직접민주주의를 실현한 나라가 라틴아메리카에 많다는 사실에는 거의 주목하지 않는다. 직접민주주의의 대표적인 예가 주민참여예산제도다.

《포르투알레그리의 주민참여예산제도》는 지금부터 30년 전 남아메리카의 브라질 남부에 있는 도시 포르투알레그리에서 최초로 시행된 주민참여예산제도에 관한 이야기다. 포르투알레그리의 주민참여예산제도는 1989년 브라질 노동자당이 직접민주주의를 실현하는 실험으로 시행한 제도다. 포르투알레그리의 주민참여예산제도는 지방정부의 경제정책 결정에 주민이 참여하여 직접민주주의를 확대하고, 특히 저소득층과 노동자층 주민이 예산편성 과정에 참여하여 지방정부의 예산을 주민이 직접 결정하는 것이 핵심이다. 이 책은 1989년부터 2003년까지 시행한 포르투알레그리 주민참여예산제도의 기원과 과정, 성과, 한계를 다룬다.

《포르투알레그리의 주민참여예산제도》가 30년 전 이야기를 다루다 보니, 배워야 할 점도 과거가 되었다고 할 수 있다. 하지만 정책은 적어도 10~20년 이상 경과한 뒤에 평가해야 한다는 말이 있다. 정책의 성과를 구체적으로 파악하려면 10년 이상 경과를 지켜봐야 한다는 것이다. 주민참여예산제도는 포르투알레그리에서 실시된 이후, 전 세계 지방정부로 퍼져나갔다. 포르투알레그리 주민참여예산제도의 교훈과 시사점이 그만큼 크다는 의미다.

지난 30년 동안 시행된 포르투알레그리 주민참여예산제도는 지방정부 예산의 투명성을 높이고, 부패를 줄였다. 가부장적 종속 관계가 만연하던 라틴아메리카에서 이 제도가 시행된 후 상명하복의 위계질서가 약해졌으며, 이에 따른 부패가 감소했다. 무엇보다 주민참여예산제도는 저소득층에 부를 분배하기 위한 강력한 도구로 작용했다. 저소득층과 여성, 청년, 노동자, 농민 등이 이 제도에 활발하게 참여함으로써 시민사회가 성장하는 계기가 되기도 했다. 이에 따라 행정의 현대화와 효율성이 뒤따랐으며, 지역공동체에 주민이 요구한 사회제도와 기반 시설이 들어섰다.

그 결과 현재 브라질 350여 개 지방정부가 주민참여예산제도를 실시한다. UN은 이 제도를 세계 40대 모범 시민 제도로 선정했으며, 세계은행은 시민사회의 대표적인 협의 모델로 평가했다. 이 제도는 대의민주주의의 한계를 극복하기 위한 수단으로 증명되면서 1990년대와 2000년대 들어서는 라틴아메리카뿐만 아니라 유럽, 아시아, 아프리카 등 전 세계 지방정부로 퍼져나갔다. 현재 40여 국가에서 3000여 개 지방정부가 주민참여예산제도를 도입했다고 보고된다.

한 연구 보고서에 따르면 주민이 지방정부 예산편성에 직접 참여하여 회의나 포럼을 통해 공적 숙의 과정을 연중 진행하는 엄밀한 기준을 적용할 경우, 2013년 현재 주민참여예산제도는 전 세계 1200~2800개 지방정부에서 실시되는 것으로 파악된다. 이렇게 이 제도를 시행하는 지방정부의 수는 적용 기준에 따라 달라진다. 이는 각 나라와 지방정부의 상황에 따라 이 제도가 다양하게 실시되면서 '주민 직접 참여'라는 근본 취지가 변질·왜곡되는 것을 의미한다. 포르투알레그리와 같이 직접민주주의를 통한 주민참여예산제도가 실시되지 않고, 수박 겉핥기 식 변종이 많다는 것이다.

포르투알레그리 주민참여예산제도는 브라질의 진보 정당인 노동자당이 시행했기 때문에 급진적이다. 여기서 급진적이란 지방정부의 예산편성과 결정에서 철저히 배제되던 주민이 예산의 우선순위를 결정하고, 주민의 결정에 따라 예산이 편성된다는 뜻이다. 포르투알레그리에서 이 제도가 시행될 당시 주민 참여는 저조했다. 그러나 주민이 내린 결정이 실행되는 것을 목격한 뒤로 주민 참여가 해마다 늘어났다. 초창기에 지역 마을 회의에 참여한 주민은 1000명 미만이었으나, 10년 뒤에는 약 2만 명으로 급증했다.

포르투알레그리 주민참여예산제도는 16개 지역별 회의와 6개 주제별 회의를 개최하며, 주민 누구나 이 회의에 참여하여 우선순위에 대해 토론하고, 주민참여예산제도 평의회에 나갈 평의원을 선출한다. 이 평의회는 시 전체의 대규모 회의인 자치 총회에서 지역별·주제별 양식에 따라 우선순위를 논의·조정하고, 시와 협의해서 주민이 결정한 우선순위를 반영한 최종 예산 제안서를 시의회에 제출한다. 이런 순환 주기는 3월부터 차기 연도 1월까지 진행된다. 이와 같이 예산편성에 주민이 직접 참여해서 결정한다는 특성 때문에 포르투알레그리 주민참여예산제도는 대의민주주의를 넘어 '대안 민주주의'와 '대안 세계'가 가능하다는 것을 보여주는 모델로 자리 잡고 있다.

포르투알레그리 주민참여예산제도가 일궈온 혁명적 직접민주주의는 여전히 진행 중이다. 2010년대 들어 포르투알레그리 시는 주민참여예산제도에 온라인 투표, 온라인 예산 상담, 온라인 예산 네트워크, 모바일 애플리케이션 개발 등을 통해 주민 참여의 편리성과 신속성을 증가시켰다. 주민은 2011년에 도입된 모바일 애플리케이션으로 예산편성과 예산 서비스 등의 진행 과정을 감시할 수 있다. 포르투알레그리의 주민참여예산제도 홈페이지는 1989년부터 지금까지 16개 지역별 회의와 6개 주제별 회의에서 진행된 전체 예산편성 과정과 결과를 공개하여 투명성을 높인다.

포르투알레그리 16개 지역 중 글로리아Glória의 예산편성 결과를 보면 1989~2014년 463건에 이르는 예산을 요청했으며, 그중 372건(80.3퍼센트)이 집행되었다. 글로리아 주민의 요구 사항은 위생(15.15퍼센트), 도로포장(14.3퍼센트), 주택(9.3퍼센트) 순이었다. 2002~2014년 주민 8438명이 마을 회의에 참석했다. 연간 평균 649명이 참석한 셈이다.

2014년 포르투알레그리 16개 지역 마을 회의에 참석한 주민은 총 1만 7582명이다. 초창기 16개 지역 마을 회의에 참석한 전체 주민이 1000명 미만인 것에 비하면 17배 이상 증가했다. 2014년은 포르투알레그리에서 주민참여예산제도가 시행된 지 25주년이 되는 해였다. 포르투알레그리 시장은 주민참여예산제도 25년은 "혁명이었으며, 여전히 민주적 과정이 진행 중이다"라고 밝혔다.

불행히 우리나라에서 시행하는 주민참여예산제도는 그렇지 못하다. 우리나라에서는 2002년 3회 지방선거 당시 참여연대 같은 시민 단체가 주민참여예산제도를 도입할 것을 요구하고, 민주노동당이 이 제도를 주요 공약으로 채택하면서 공론화되기 시작했다. 2003년 7월, 참여정부는 지방정부에 이 제도를 도입할 것을 권고했다. 2004년 3월 광주광역시 북구가 주민참여예산조례를 전국 최초로 제정했으며, 같은 해 6월 민주노동당 소속 울산광역시 동구청장이 선거공약이던 주민참여예산제도를 조례로 제정하면서 전국적인 관심을 끌었다.

참여정부는 주민참여예산제도의 도입을 입법화해 지방정부에서 의무적으로 실시하려고 했으나, 당시 야당이던 한나라당의 반대로 무산되었다. 이명박 정부 들어서는 지방정부의 재정 자립도 하락과 부채 위기 등으로 예산의 투명성과 건전성 제고가 사회문제로 대두되기 시작했다. 이를 해소하기 위한 방안으로 2011년 지방

재정법이 개정되어, 2012년부터 주민참여예산제도가 전국 지방정부에서 의무적으로 실시되었다. 2013년에는 이 제도의 운영 상황을 지방정부의 재정 공시에 포함·공개하도록 했으며, 2014년에는 예산편성 과정에 참여한 주민의 의견을 수렴한 의견서를 지방의회 제출 예산안에 첨부하도록 하여 이 제도를 발전시키고 있다.

그러나 우리의 주민참여예산제도는 포르투알레그리의 제도에 비해 주민 참여의 질과 수준이 현저히 낮아 엄격히 주민참여예산제도라고 말하기 어렵다. 우리의 주민참여예산제도는 행정안전부의 표준조례 모델안에 따라 세 가지 유형이 실시된다. 2014년 8월 현재 주민참여예산위원회를 임의규정으로 둔 1안을 채택한 지방정부는 전체 243개 중 127개(52.2퍼센트)다. 주민참여예산위원회 구성을 명시한 2안을 채택한 지방정부는 65개(26.7퍼센트), 주민참여예산위원회와 분과위원회 구성을 규정한 3안을 채택한 지방정부는 49개(20.1퍼센트)다. 2개 지방정부는 아직 조례조차 제정하지 못했다.

전체 지방정부 중 과반수가 1안을 채택한 것은 주민참여예산위원회를 구성하지 않았거나 형식적으로 운영하는 현실을 보여준다. 주민참여예산위원회가 구성되어도 위원은 대부분 50명 미만이다. 이런 위원회로 주민의 의견을 수렴하고 이를 예산에 반영한다는 것은 주민참여예산제도의 근본 취지를 굴절시키는 행태다. 또 주민참여예산위원회가 예산을 편성·결정할 수 있는 참여 예산 비율은 전체 예산의 1퍼센트 미만인 실정이다. 이런 사실은 우리의 주민참여예산제도가 포르투알레그리의 제도에 비해 걸음마 수준이며, 이 제도를 발전시키기 위해 우리 앞에 많은 과제가 놓였음을 말해준다.

《포르투알레그리의 주민참여예산제도》는 우리나라에서 주민과 지방정부가 함께 주민참여예산제도를 개혁하고 발전시키는 데 많은 교훈을 준다. 이 책 앞부분에서 말하는 1980년대 브라질은 우리나라 정치 환경과 유사하다. 브라질은 1964년부터 1984년까지 암울한 군부독재를 겪었다. 1985년 브라질은 20년간 이어진 군부독재 정권을 무너뜨리고 민정 이양을 이뤘다. 그 후 브라질의 좌파 진보 정당이 지방선거에 승리함에 따라 지방정부에서 참여민주주의와 직접민주주의를 뿌리내리는 정책을 시행했다. 이런 정치적 배경에서 포르투알레그리의 주민참여예산제도가 싹텄다.

《포르투알레그리의 주민참여예산제도》는 포르투알레그리 주민참여예산제도를 직접 입안하고 시행한 지방정부의 관련자와 활동가들이 경험한 내용을 들려준다. 포르투알레그리 주민참여예산제도가 직접민주주의의 시작이라고 하는 것은, 그동안 가난하고 힘없고 소외된 주민이 누구나 지방정부의 예산편성에 직접 참여해 예산을 결정하기 때문이다. 다시 말해 이 제도는 공무원과 지방의회 의원의 손에 달린 지방정부의 예산을 주민의 손에 넘겨주는 것이다.

포르투알레그리 주민참여예산제도가 주는 교훈은 이 제도가 성공하기 위해서는 지방정부를 책임지는 정당과 시장, 군수, 구청장의 강력한 의지가 필요하다는 점이다. 그동안 우리의 주민참여예산제도가 형식에 머무른 것은 정당과 시장, 군수, 구청장이 주민주권을 실현하는 대안으로 이 제도를 외면했기 때문이다. 주민 주권은 '주권은 주민에게 있고, 모든 권력은 주민에게서 나온다'는 직접민주주의의 원리를 지방정부에서 실현하는 것이다. 대의민주주의의 한계를 극복하기 위해서는 진보 정당이 주민 주권의 원리를 지방정부에 확고히 뿌리내려야 한다. 대의민주주의조차 제대로 실천하지 못하는 보수 정당에 기대할 수 없기 때문이다.

2018년 6·13 지방선거에서 민주당이 대승하여, 민주당 소속 시장과 군수, 구청장, 지방의원이 대거 당선되었다. 민주당이 진보 정당으로 거듭나려면 같은 당 소속 시장, 군수, 구청장은 주민참여예산제도부터 주민이 직접 참여하는 제도로 바꿔야 한다. 민주당뿐만 아니라 다른 진보 정당도 주민참여예산제도를 '주민이 있는' 제도로 바꾸기 위해 힘써야 한다. 이는 국민주권에 이어 주민 주권을 실현해야 한다는 촛불혁명의 완성이기도 하다. 《포르투알레그리의 주민참여예산제도》가 우리의 주민참여예산제도를 바로잡아 직접민주주의의 시작과 주민 주권의 촛불을 더 밝히는 데 도움이 되기를 기대한다.

《포르투알레그리의 주민참여예산제도》는 포르투갈어로 쓴 것을 영어로 번역·편집한 책이다. 이 때문에 한국어로 번역하는 과정에서 원뜻을 살리기 위해 애로가 많았다. 번역은 독자의 모국어로 원뜻을 살리면서 새로운 창작을 하는 작업이다. 이를 위한 번역문의 교정·교열에서 도서출판 황소걸음 편집진의 노고에 마음의 빚을 졌다. 번역이 늦어지면서 출판 일정이 지연되는데도 믿고 기다려준 도서출판 황소걸음 대표님에게도 빚을 졌다. 번역 과정에서 생긴 오류로 독자의 이해를 어렵게 하는 것 또한 빚이다. 이래저래 번역이라는 빚을 졌다. 이 자리를 빌려 이 책이 나오기까지 마음의 빚을 진 분들에게 감사드린다.

진주 가좌골, 경상대에서
최상한

차례

노동조합, NGO, 생태 환경운동, 학생과 여성 조직에 속한 사회 활동가 수백만 명은 변화하고 세계화하는 세상과 씨름한다. 베를린장벽이 무너졌을 때, 시애틀에서 열린 세계정의운동global justice movement*이 세계 각국에 TV로 중계되어 큰 주목을 받았을 때 역사에서 무엇이 끝났으며 무엇이 시작되었는가. 군림하는 신자유주의에 반대하기 위해 내놓을 수 있는 실현 가능한 모델은 무엇인가. 민족주의, 인종차별, 근본주의, 커뮤널리즘communalism** 등 신자유주의에 숨어 있는 상대에게는 어떻게 저항할까.

국제연구교육연구소International Institute for Research and Education, IIRE*** 는 이런 풀뿌리 활동가들의 가치를 공유한다. 이들의 가치는 폭넓은 국제적 연대를 바탕으로 민주적으로, 아래부터, 불평등에 고통받는 사람들이 사회를 변화시킬 수 있고 또 변화시켜야 한다는 믿

---

* 기업의 세계화에 반대하고 경제 자원의 평등한 분배를 촉진하는 국제적인 사회운동 네트워크로, 반세계화운동(anti-globalization movement)이라고도 불린다. 이 운동은 G8, 세계무역기구(WTO), 국제통화기금(IMF), 세계은행(World Bank) 등의 회의에 반대하는 대안 회담과 대규모 시민 저항을 조직하기도 한다. 1999년 시애틀 WTO 정상회담장 주변에서 극렬한 반세계화운동을 폈다.

** 커뮤널리즘은 우리나라에서 종파주의, 공동체주의, 소공동체주의, 공동체 자치주의, 종교 공동체주의 등으로 번역·혼용한다. 커뮤널리즘은 특정 인종이나 종교, 지역 간 반목과 갈등이 조장되어 국가 혹은 사회의 통합을 저해하는 부정적인 용어로 사용한다. 인도를 비롯한 동남아시아에서 벌어지는 힌두교와 이슬람교의 종교적 민족주의에 따른 갈등과 폭력이 커뮤널리즘의 대표적 예라고 할 수 있으며, 1960~1970년대에 미국 사회에서 분출된 인종적 민족주의도 이에 해당한다.

*** 벨기에의 비영리 국제 협회. 에르네스트 만델(Ernest Ezra Mandel)이 창립했으며, 1981년 6월 11일 왕립 법령에 따라 국제 과학·비영리 협회로 인정받았다. 현재까지 연구 보고서 총서 60권을 펴냈으며, 이 책은 연구 보고서 35~36권으로 영국의 플루토출판사에서 출간했다.

음에 있다.

1982년부터 40여 개국에서 온 활동가 수백 명이 우리의 교육과
정과 세미나에 참여했다. 1995년에 출범한 에르네스트만델연구센
터Ernest Mandel Study Centre는 탈냉전 시대 세계의 경제적 · 사회적 문
제를 논의하는 강연과 학술회의를 개최한다. 우리는 이 일을 돕는
연구원 네트워크를 만들었다. 암스테르담 본부와 도서관은 연구자
들과 사회적 관심이 높은 비영리단체의 모임을 위한 자산이다.

경제적 세계화, 21세기 역사, 생태학, 페미니즘, 민족성, 인종차
별, 급진적 운동 전략과 그 밖의 주제를 살펴보는 우리의 연구 결
과는 1986년부터 단행본 형태의 연구 보고서 총서로 발간되어 많
은 대중이 볼 수 있다. 이 총서는 이제 플루토출판사에서 영어 도
서로 출간한다. 지난 보고서는 아랍어, 네덜란드어, 프랑스어, 독
일어, 일본어, 한국어, 포르투갈어, 러시아어, 스페인어, 스웨덴
어, 터키어를 포함한 다른 언어로도 출판되었다. 플루토출판사 이
전의 보고서 중 20권은 지금도 IIRE에서 직접 볼 수 있다.

IIRE의 출판물과 활동에 대한 정보를 얻으려면 홈페이지(www.
iire.org)나 우편(IIRE, Willemsparkweg 202, 1071 HW Amsterdam,
Netherlands), 이메일(iire@antenna.nl)을 이용하기 바란다. IIRE의 사
업을 후원하는 경우, 유럽 일부 국가와 미국에서 소득공제가 가능
하다.

약어 목록

CUT PT와 연결된 노동조합 연합인 단일노동자들의중심(Single Workers' Centre)의 포르투갈어 Centro Único de Trabalhadores 약어.

DS 사회주의적 민주주의 정파(Socialist Democracy)의 포르투갈어 Democracia Socialista 약어.

FTAA 미주자유무역지역(Free Trade Area of the Americas).

MDB 브라질민주운동(Brazilian Democratic Movement)의 포르투갈어 Movimento Democrático Brasileiro 약어.

MST 토지없는농촌노동자운동(Landless Workers' Movement)의 포르투갈어 Movimento dos Trabalhadores Rurais Sem Terra 약어.

PB 주민참여예산제도(participatory budget).

PCB 브라질 공산당(Brazilian Communist Party)의 포르투갈어 Partido Comunista Brasileiro 약어.

PCdoB 브라질의 공산당(Communist Party of Brazil)의 포르투갈어 Partido Comunista do Brasil 약어.

PT 노동자당(Workers' Party)의 포르투갈어 Partido dos Trabalhadores 약어.

UAMPA 포르투알레그리지역주민생활조직연합(Union of Neighbourhood Associations of Porto Alegre)의 포르투갈어 União de Associações de Moradores de Porto Alegre 약어.

WSF 세계사회포럼(World Social Forum).

PFL 자유전선당(Liberal Front Party)의 포르투갈어 Partido da Frente Liberal 약어.

FSP 상파울루포럼(Foro de São Paulo) 약어.

USSR 소비에트사회주의공화국연방(Union of Soviet Socialist Republics).

PDT 노동민주당(Democratic Party of Labour)의 포르투갈어 Partido Democrático do Trabalho 약어.

라틴아메리카와 브라질 지도

노동자당에서 포르투알레그리까지

이안 브루스

이 책은 대안에 관한 이야기다. 몇 년에 한 번씩 대표를 뽑는 데 그치지 않고, 물건을 고르는 소비자의 선택을 곧 자유라고 여기지 않는 민주주의의 대안을 말한다. 브라질 남부에서 지난 15년 동안 다른 세계가 가능하다는 것을 보여주려고 노력한 직접민주주의의 경험에 관한 이야기이자, 포르투알레그리Porto Alegre*의 노동자당 Workers' Party, PT**이 발전시킨 주민참여예산제도participatory budget, PB*** 에 관한 것이다. PB는 2002년 PT 후보 룰라Lula가 대통령에 당선

---

* 브라질 남부에 위치한 히우그란지두술(Rio Grande do Sul) 주의 주도. 2007년 기준 인구는 약 142만 명으로 브라질에서 10번째로 인구가 많은 도시다. 1769년에 건설되었으며 백인(79.2퍼센트), 흑인(10.2퍼센트), 다문화(10퍼센트), 아시아인(0.3퍼센트) 등으로 구성된다. 2005년 기준 1인당 국내총생산(GDP)은 8901달러다.

** 1980년에 창당한 민주적 사회주의 정당으로, 라틴아메리카의 좌파 운동 계열 정당 가운데 가장 크다. 민주적 사회주의는 정치적 민주주의와 생산수단의 사회적 소유를 지향한다. 창당 때부터 1994년까지 룰라 전 대통령이 총재를 지냈으며, 2010년에 당선된 브라질 최초의 여성 대통령 지우마 호세프(Dilma Vana Rousseff)도 노동자당 소속이었다. 2002년 룰라 전 대통령의 당선 이후 2016년 8월까지 14년 동안 브라질의 집권 여당이었다. 브라질에는 1989년에 창당한 노동당(Labour Party of Brazil)도 있다. 이 책에서는 Workers' Party를 노동자당으로 번역하며, 노동자당의 포르투갈어 'Partido dos Trabalhadores'의 약어 PT로 표기한다.

*** participatory budget은 직역하면 '참여 예산'이지만, 우리는 '주민참여예산제도'라고 한다. 외국에서는 활동가뿐만 아니라 학계에서도 약어 PB로 사용하는 경향이 있어, 이에 따른다.

된 이후 그 당에서 보여준 행태와 극명하게 대조된다.

이 책에서 말하는 대안의 기원은 PT 창당 이전으로 거슬러 올라 간다.

내가 브라질에 처음 거주한 것은 군부독재가 힘을 잃어가던 1970년대 말이었다. 나는 대학을 막 졸업하고 생계 수단으로 브라 질 외무부가 있는 이타마라티궁Itamaraty에서 영어를 가르쳤다. 일 하는 동안 브라질과 브라질 국민, 독특하게 조합된 브라질 정치가 좋았다. 이 책에서 다루는 민주주의에 대한 새로운 접근법은 브라 질에서 20년간 지속된 권위주의 군사정권이 끝나갈 무렵에 시작되 었다.

군부의 장성들이 사라지기까지 시간이 걸렸고, 1985년에야 민 정 이양이 이루어졌다. 하지만 내가 시간제 학생으로 등록한 브라 질리아대학교Universidade de Brasília 캠퍼스에서 브라질 역사의 새로운 시대가 시작되고 있었다. 헌병의 저지선과 최루탄 투척으로 그늘 이 드리운 집회와 점거, 행진의 물결은 브라질 정치범과 망명자의 정치적 사면을 요구하는 전국적 시위로 번졌다.

나는 수도 브라질리아의 버스 정류장에서 전단지 뿌리는 일을 도왔다. 학생 두 명이 체포되고 고문당한 것을 맹렬히 비난하는 전 단지였다. 이 일로 잠시 구금되고, 협박을 받고, 수상한 픽업트럭 에게 미행을 당하고, 정체불명의 전화를 받고, 결국 이타마라티에 서 해고되었다. 우리를 심문한 경찰관은 자신이 전통적 가치를 옹호하며, 외국의 간섭은 없어야 한다고 소리 질렀다. 그러나 거대한 파도는 그들을 향했다. 외부가 아니라 내부 깊숙한 곳에서 시작된 파도다.

그해 5월, 학생 시위와 중산층 위주의 저항을 능가하는 더 강력한 세력이 나타났다. 5월 12일 금요일, 상베르나르두두캄푸São Bernardo do Campo*에서 사브-스카니아 공장 노동자 2500명이 평소와 다름없이 주간 교대자로 출근 카드를 찍었으나, 기계를 돌리지 않고 작업을 거부했다. 다음 월요일에는 포드 공장 노동자 9500명이 '팔짱을 낀' 파업에 합류했다. 파업은 10일 동안 ABC 지역**에 흩어진 90개 기계 공장으로 번졌다. ABC 지역은 상파울루를 둘러싼 교외에 공장이 우후죽순처럼 솟은 산업 벨트다. 오늘날 기업 세계화의 선구자인 폭스바겐, 메르세데스-벤츠, 제너럴모터스 같은 자동차 산업의 거대기업은 노동자가 3만 명 이상 모인 독창적이고 대담한 노동조합운동을 불러일으켰고, 그로 인해 뒷날 새로운 형태의 정당인 PT가 탄생한다.

한 사람이 이 노동조합운동을 상징했다. 그는 고르지 않은 턱수

---

* 브라질 상파울루(São Paulo)의 교외 도시로, 인구는 약 80만 명이다. 폭스바겐, 메르세데스-벤츠, 사브-스카니아, 토요타, 포드 등의 공장이 밀집된 자동차 산업 지역이다. 룰라 전 대통령은 1970년대 이 지역에서 금속노조 위원장에 두 차례 당선되었다.

** 상파울루 교외에 있는 산투안드레(Santo André), 상베르나르두두캄푸(São Bernardo do Campo), 상카에타누두술(São Caetano do Sul)의 약자. 브라질 자동차 산업 지역의 중심이며, 1970~1980년대에 군사정권에 항거한 노조 운동의 본고장이다.

염에 유행이 지난 나팔바지, 무한한 카리스마로 알려졌지만, 정치적 빚이 거의 없는 기계 노동자다. 룰라로 알려진 루이스 이나시우 룰라 다 시우바Luiz Inacio Lula da Silva는 상베르나르두의 금속노조 위원장이었다. 룰라는 브라질에서 형식적 민주주의의 회복을 앞당기는 데 가장 큰 역할을 한 파업 운동의 절대적 인물이다.

그리고 약 2년이 지나서다. 내가 유럽으로 돌아가 런던의 영화학교와 브라질 여자 친구가 박사 과정을 공부하는 파리를 왔다 갔다 할 때, 노동조합운동의 정치적 산물인 PT가 룰라를 절대적 지도자로 삼으면서 마침내 출범했다.

내게 새로운 세상을 소개한 사람은 나중에 포르투알레그리의 참여민주주의 경험을 발전시키는 데 역할을 한 플라비우 코트지Flavio Koutzii다. 플라비우는 PT 창당 과정의 또 다른 핵심 인물이다. 그는 1960년대에 히우그란지두술과 포르투알레그리에서 공산당 청년 당원으로 활동했는데, 이 책의 주요 기고자인 하울 폰트Raul Pont도 그랬다. 플라비우는 하울과 더불어 축출된 이후 브라질을 떠났고, 1970년대 초반에는 아르헨티나에서 게릴라 조직을 이끌었다. 아르헨티나 군사정권의 손에 수년 동안 투옥과 끔찍한 고문을 당한 뒤에는 파리에서 다른 망명자들처럼 개인적 비극과 그 비극을 낳은 정치적 실패를 곱씹었다. 그는 자기 세대의 다른 사람들과 마찬가지로 사회주의 정치를 펼칠 새로운 길을 찾고 있었다. 플라비우는 많은 시간 공들여 내게 브라질 좌파의 역사를 상세히 일러주었다.

그것은 결코 한가한 추억담이 아니며, 항상 근본적인 목적의식이 있었다. 플라비우와 하울 그리고 다른 동지들이 포르투알레그리에서 다시 힘을 합쳤을 때, 하려고 한 일이다.

PT를 출범하자는 제안은 즉각 플라비우와 브라질의 뛰어난 좌파 진영 활동가를 끌어모았다. 내가 파리에서 플라비우를 만났을 때, 그는 '친PT 핵심'을 조직하느라 바빴다. 오래된 습관이 쉽게 사라지지 않는 건 당연한 일이다. 처음에는 파리에 친PT 그룹이 두 개 있었다. 플라비우의 그룹 그리고 경쟁 관계인 극좌파 진영이 만든 그룹이다. 결국 두 그룹은 통합했다.

돌아보면 이 새로운 PT와 나중에 포르투알레그리에서 발전한 직접민주주의가 20년 뒤 시애틀 이후의 세계정의운동에서 특별한 역할을 한 것이 그리 놀랍지 않다.

PT는 반세기 이상 형성된 국제적 좌파의 틀을 깼고, 여러 면에서 좌파의 초기 모습을 닮았다. PT의 가장 중요한 추진력은 집중된 공장 프롤레타리아트로, 19세기 말과 20세기 초에 유럽의 노동자 정당을 일으킨 힘과 다르지 않다. 하지만 PT는 미래도 가리켰다. 초국가적 축적의 새로운 순환이 일어나면서, PT는 산업 노조뿐만 아니라 도시 빈민, 토지 없는 소작농, 혼란스런 중산층을 기반으로 다양한 사회적 운동에 뿌리를 내렸다. PT는 정치적으로 사회민주주의와 스탈린주의에 똑같이 실망한 뒤 처음 나타난 대중정당이다. PT의 활동가는 대부분 레닌보다 해방신학 관점에서 본

나사렛 예수에게 많은 신세를 졌다. 전통적 좌파는 맹공격했다. 하지만 그들은 수적으로나 이념적으로 항상 소수였다. 당시에는 몰랐지만 지지자와 쟁점의 범주로 볼 때 국제적 운동이 예고되었다. PT는 초창기부터 여성과 동성애자, 흑인의 해방을 위한 투쟁을 받아들였다. 부채와 지적 재산권, 유전자변형농산물을 둘러싼 캠페인도 자연스럽게 PT의 영향권으로 들어왔다. 시애틀 세계정의운동이 있기 10년 전에 아마존 강 유역에 위치한 아크리Acre 주의 PT 지도자 시쿠 멘데스Chico Mendes는 환경운동의 국제적인 우상이 되었으며, 나중에 '팀스터와 거북이teamsters and turtles'* 동맹의 상징이 되었다.

　PT와 전 세계의 거대 노동 정당이 차별화되는 까닭은 PT가 가장 급진적인 의미에서 민주주의에 광범위하게 헌신하기 때문이다. 첫째는 PT 내부의 민주주의다. 최근 역사에서 노동조합, 도시와 시골의 사회운동, 민중 교회 공동체, 학술계와 예술계, 상상 가능한 온갖 변종 좌파 조직에서 당원 수십만 명을 모집한 정당은 PT뿐이다. 모든 당원은 각종 사안에 대해 논쟁하고 경험을 나누며 자기 정체성을 유지하면서도, 다 같이 공동의 정치적 과제를 만들어

* 1999년 11~12월 시애틀에서 신자유주의적 세계화와 WTO 정상회담을 반대하며 반세계화운동이 일어났을 때 등장한 이름이다. 팀스터는 미국운수노조를, 거북이는 환경 단체를 상징한다. 운수노조와 환경 단체의 연대 정신을 반영한 별명인데, 이후 환경과 일자리를 보호하는 것은 상호 배타적이 아님을 수용한 환경운동가들과 노동조합의 동맹을 상징하는 이름이 되었다.

냈다. PT는 사회운동 안팎에서 똑같은 지지를 얻었다.

군사 통치 20년 뒤, PT가 전심을 다해 선거 민주주의를 지지한 것은 놀랄 일이 아니다. 그렇지만 대안 민주주의가 가능하다는 꿈도 처음부터 품었다.

이런 특징과 비전이 독특하게 결합하면서 PT는 1980년대 국제적 좌파의 등불로 떠올랐다. 이 독특한 결합 덕분에 20년 이상 PT의 발전을 지켜본 이들에게는 1990년대 말 TV로 방영된, 세계 정의를 위한 거대하고 다양한 운동이 PT와 쉽게 들어맞았다는 것이 별로 놀랍지 않았다.

내가 포르투알레그리를 처음 방문하여 이 독특한 결합이 현지에서 무엇을 이뤄냈는지 지켜본 것은 2000년이 되어서다. 그 후 몇 년 동안 세계사회포럼World Social Forum, WSF*에 참석하고, PB가 일부 반영된 세계정의운동에 관한 다큐멘터리를 제작하기 위해 포르투알레그리를 수차례 방문했다.

이 책은 WSF와 PB의 의미 그리고 관련 쟁점을 다룬다. 기고문 몇 편은 PB로 알려진 직접민주주의가 1989년 이후 포르투알레그

---

* 반세계화운동과 대안 사회운동 활동가들이 주축이 되어 사회, 연대, 경제, 환경, 인권, 민주화 같은 주제로 세계화의 해결 모델을 모색하기 위해 매년 개최하는 국제 행사다. 1회 WSF는 2001년 포르투알레그리에서 열렸다. 2002~2003년에도 이곳에서 WSF가 열렸다. 룰라 대통령은 1회 WSF 개막식에서 포르투알레그리를 '세계의 수도'라고 불렀으며, 포르투알레그리는 반세계화운동과 대안 사회운동의 상징적인 도시가 되었다.

리에서 어떻게 예상치 못한 결과물로 부상했는지 보여준다. 1부는 그 결과물의 발전 과정을 주요 주인공과 장시간 인터뷰한 내용을 다룬다. 브라질 군부독재의 종말과 더불어 열린 새로운 민주주의 공간에서 공동체운동이 어떻게 자기 목소리를 냈는지도 설명한다. 공동체운동의 관심사는 브라질 좌파의 꿈과 강령에 녹아들었으나, 대부분 PT를 통해 표출되었다.

2부에서는 우비라탄 지 소자Ubiratan de Souza, 안드레 파수스 코르제이루André Passos Cordeiro, 페페 바르가스Pepe Vargas, 에딩요 시우바 Edinho Silva가 이 결과물이 실제로 작동되는 방법을 설명하고 해석한다. 그들은 PB가 부상한 국제적 맥락도 직간접적으로 언급한다. PB가 생겨난 1989년은 상징적인 해로 기록되었다. 1989년은 '현존 사회주의'의 패러다임이 무너지면서 역사가 종말을 고했다고 한 때이며, 시장과 대의민주주의가 세계가 도달할 수 있는 최고의 체제라고 신성시된 해다.

3부에서 하울 폰트와 주앙 마샤두João Machado는 PB를 대안적인 비전과 실천의 기원이자, '대안 세계는 가능하다'[1]는 새로운 신념의 핵심 구성 요소로 꼽으며 이론적인 관점에서 자세히 설명한다.

이 책의 핵심은 주요 입안자와 활동가들이 PB가 어떻게 발전했으며, 어떻게 작동하고, 무엇을 의미하는지 설명하는 여러 장에서 알 수 있다. 그 전에 1장에서는 세계정의운동이 야기한 전략적인 논쟁에서 PB를 찾아내고, 그 운동을 열망하는 모든 사람들에게

PB의 장점과 한계가 왜 중요한지 설명하려고 한다.

프롤로그는 포르투알레그리 주민이 예산을 어떻게 통제하는지 그 분위기를 전하는 데 목적이 있다.

이 책은 브라질리아에 있는 룰라 정부의 기록을 다루지 않는다. 포르투알레그리의 경험은 브라질 좌파에게 하나의 실험이었고, 세계정의운동에도 간접적인 실험이었다. 일부는 그것이 충격적인 실험이었다고 말할 것이다. 그러나 지금은 실용적 유연성에 급진적 혁신성과 창조성을 결합시킨 포르투알레그리 PT와 2003년 1월 이후 대담성과 비전에서 실패를 거듭하는 연방정부 PT의 거대한 격차를 지적하는 것으로도 충분할 것이다.

아래에서 보기

글로리아Glória에서 대규모 예산 회의가 열리기 전날이다. 지역공동체 활동가들은 회의를 준비하느라 일주일 내내 바빴다. 총회가 열리는 동 페드루 1세 학교는 정리가 다 끝났는가, 마라바Maraba에서 올 주민들은 버스 예약을 마쳤는가, 힝캉Rincão에서 마지막으로 안내문을 붙일 사람은 누구인가.

글로리아는 포르투알레그리의 16개 지역 가운데 하나다. 내일 있을 연례 총회는 마을마다 주민들끼리 비교적 자유로운 소규모 회의를 한 뒤 참가하는데, 글로리아 전 주민이 내년 지방정부 예산에 대해 토론하고 우선순위를 결정하는 자리다. 글로리아 주민은 공공 지출을 주택, 하수처리, 도로포장, 복지시설이나 학교 신축 중에서 어디에 집중할지 결정한다. 지역 주민이라면 누구나 참석할 수 있는 열린 총회는 포르투알레그리를 세계적으로 유명하게 만든 풀뿌리 민주주의 혁신의 중심 요소다. 이는 포르투알레그리의 PB를 말한다.

명칭은 세련되지 않았지만, 라틴아메리카 전역과 세계 각지에서 공동체운동과 지방정부가 이 제도를 15년 동안 검토하고 논의했으며 어설프게 따라 하기도 했다. PB의 기본 정신은 간단하고 급진적이다. 이곳 글로리아처럼 예산 사용에 대한 결정권을 시 공무원과 지방의회 의원이 아니라 열린 총회에 참여하는 주민의 손에 넘겨주는 것이다.

포르투알레그리에 속한 글로리아는 공동체 조직의 역사가 깊다. 지역주민생활조직의 네트워크는 1964~1984년 브라질을 통치한 군부독재 정권에 저항하던 시절로 거슬러 올라간다. 이들 조직은 PT가 1988년 포르투알레그리 시장 선거에서 처음 승리하고 PB를 도입할 때 적극적인 역할을 했다. 하지만 글로리아에는 아직 참여민주주의 과정을 좀처럼 경험해보지 못한 지역이 여럿 있다.

나는 언덕에 판자촌이 즐비하고, 마약과 조직폭력배의 야간 범죄로 유명한 도나베바Dona Veva를 최근에 방문했다. 지역공동체 활동가 엘로이사, 글로리아 지역의 시의회 연락 담당관 산드라와 함께한 그 여정은 포르투알레그리 PB의 성과를 보여주는 실례다.

우리는 시에서 운행하는 멋진 새 버스를 타고 다녔다. 엘로이사와 산드라는 현재 포르투알레그리의 대중교통 시스템이 브라질 최고라고 일러준다. 그 시스템은 민영 버스가 아니라 공영 버스로 구성된다. 공영 버스 회사는 민간 운송업자가 서비스 수준을 모방할 정도로 장비를 잘 갖추고, 효율적으로 운영되는 모델이 되었다. 우리는 새로 포장된 아스팔트 도로를 따라 시 외곽의 구불구불한 교외 지역을 통과했다. 엘로이사와 산드라는 이 도로가 최근 15년 동안 PB에서 선정된 유일한 장기 최우선 과제라고 말한다. 도로를 포장하고 길을 내는 것은 이곳에서 큰 차이를 나타낸다. 포르투알레그리는 절반이 시골 지역인 시다. 이는 히우데자네이루Rio de Janeiro나 상파울루보다 훨씬 넓다. 도심에서 밀려난 사람들이 거주하는 빈곤 지역과 무단 점유 지역은 광범위하게 흩어졌다. 제대로 포장된 도로와 거리는 배수, 위생, 도심 기반 시설을 위한 전제 조건일 뿐만 아니라 버스 운행에 필수적이다. 버스가 없으면 생계를 위해 일을 구하러 갈 수조차 없다.

고지대에 위치한 도나베바는 히우데자네이루 빈민 지역 이미지와 흡사하다. 버스가 정차하는 포장도로 끝부터 언덕 위 첫 번째 판자촌까지 새 돌계단이 똑바로 놓였다. 모퉁이를 돌면 돌계단은 나머지 판자촌으로 연결된다. PB가 도나베바에서 이룬 것은 여기까지다.

지역 주민 한 부류가 산드라에게 배수구와 쓰레기장이 부족한 것이 주요 문제라고 설명한다. 비가 내리면 배수구는 막히고, 쓰레기장은 넘친다. 생활쓰레기가 곳곳에 쌓였다. 엘로이사는 지역 주민에게 PB를 아느냐고 묻는다. 주민들은 PB 덕분에 계단이 생기고 버스가 다니지만, 그것만으로 부족하다고 한다.

엘로이사와 산드라는 지역 주민이 모여서 내일 열리는 예산 회의에 참석하면, 글로리아 지역의 최우선 사업으로 위생 시설에 투표할 수 있을 것이라고 설명한다. 주민 열 명당 대의원 한 명을 뽑을 수 있고, 그러면 당장 필요한 배수구와 쓰레기 처리 시설을 확실한 우선 사업으로 만들 수도 있다고 말한다. 주민들은 회의에 참석하도록 노력하겠다며 고개를 끄덕인다. 하지만 표정은 다소 회의적이다.

다음 날 저녁 예산 총회에서 그 주민들은 보이지 않았다. 비가 많이 내려서 참석하지 못했는지도 모른다. 막힌 배수구를 뚫느라 다른 일은 신경 쓸 겨를이 없었을 것이다.

그러나 오늘 밤은 남부의 겨울이 아직 다가오지 않았다. 활동가들은 비 예보가 내일 참가자 수에 영향을 미칠 것이라고 염려한다. 그들은 작년처럼 PB 총회에 800명 이상 참가하기를 바란다. 15년간 이어진 PB의 경험을 논의하기 위해 지방정부 지역 사무소의 빈 방에 모인 지금, 가을 공기는 습하고 한구석에는 선풍기가 시끄럽게 돌아간다. 이 대담에 참여한 포르투알레그리의 글로리아 지역 공동체 리더와 활동가는 다음과 같다.

에지마르 시우베이라Edimar Silveira : 그라실리아누Graciliano 지역 생활 조직

닐벵 트리니다드Nilven Trinidade : 타바하라Tabajara 공원 지역 생활 조직

주제 브리졸라José Brizola* : PB 조정관

---

* 주제 브리졸라(1922~2004)는 두 주에서 주지사로 선출된 유일한 정치인이며 좌파 민족주의자다. 히우그란지두술 주지사로 한 번, 히우데자네이루 주지사로 두 번 선출되었다. 브라질 의회가 브라질의 발전을 위해 평생 헌신한 고인을 등재하는 공식 기록물에 2015년 브리졸라의 이름이 새겨졌다.

실리 바르가스Sirley Bargas : 노사세뇨라지로르드스Nossa Senhora de Lourdes 지
　역 생활 조직
엘로이사 비뇨라Heloisa Viñola : 벨렝 벨류Belem Velho 지역사회
실비우 아르스Silvio Arce : 대중운동 조정

　이안 : 지금까지 지켜본 PB의 장단점은 무엇인가요?
　주제 : 장점은 마을 공동체가 주민 참여를 통해 공적 재원을 민
주적으로 결정하는 것이라고 생각해요. 이것은 중요하고 긍정적
인 요소로, 포르투알레그리 주민의 요구 방식을 바꾸고 있어요. 대
중적 행정부가 들어서기 전에는 주민의 요구가 시의회 회의실이나
시장 집무실을 거쳤어요. 지금은 공공투자가 어디서 어떻게 집행
돼야 하는지 주민이 직접 결정하고, 완료될 때까지 전 과정을 감시
해요. 이게 긍정적인 면입니다. 중요한 단점은 필요한 모든 재원을
당장 확보할 수 없다는 거겠죠. 마을 공동체는 가능하면 많은 사업
을 하고 싶지만, 재원이 충분하지 않아요.
　실리 : 브리졸라 말이 옳아요. 내가 사는 지역을 비롯해 여섯 개
소지역을 포함한 글로리아 전 지역이 상당한 것을 얻었습니다. 한
예로 시작할 때 도로는 형편없는 상태였죠. 지금은 정비되고 확장
되었어요. 가로등도 세웠고요. 이 모든 것이 변두리에 사는 우리
같은 사람들에게는 아주 긍정적이에요. 모두 큰 걸음을 내디뎠다
고 생각하죠. 하지만 브리졸라가 말한 것처럼 한계도 있습니다. 예

를 들어 마을 공동체는 뭔가 얻을 만한 게 있을 때 참여해요. 얻을 게 없으면 참여는 곧바로 시들해질 수 있어요. 우리는 주민을 마을 공동체 조직으로 끌어들이는 것이 얼마나 어려운지 알아요. 주민은 결과가 당장 눈앞에 나타나겠지 생각하고 참석하지만, 과정이 길어요. 민주적으로 진행되는 대신, 원하는 것을 한두 번 만에 얻을 수 있다는 보장은 없지요. 그래서 마을 공동체 조직에 속한 우리 같은 사람들은 올해 아무것도 달성하지 못하면, 내년에는 신뢰가 떨어질 거라고 생각해요. 시청에 큰 기구가 없기 때문에 결국 우리가 일을 다 합니다. 기준을 적용했을 때 우리 과제가 성사되지 못하면, 1년 동안 공들인 모든 동원 계획이 무너지고 말아요. 그 후에는 주민을 다시 모으기가 매우 어렵습니다. 하지만 대중적이고 민주적인 지방정부를 여전히 믿어요. 과거의 지방정부는 결코 이런 일을 해내지 못했거든요. 주민의 참여를 통해 더 많은 것을 이룰 수 있다고 생각하지만, 지방정부 부서도 장려책을 더 많이 내놓았으면 좋겠습니다.

엘로이사 : 실리가 언급한 점은 이 운동을 약화하는 원인입니다. 주민은 자신들이 원하는 특정 사업을 위해 나서기도 하고 싸우기도 해요. 그런데 목적을 달성하면 떠나죠. 공동체에 속한 다른 사람들, 마을 전체, 전반적인 개선 사항을 위해 계속 싸우지 않아요. 자기 지역 거리의 도로포장을 원하기 때문에 열심히 하죠. 일단 도로포장이 끝나면 놀이방이 없는 아이들에게는 관심을 보이지

않아요. 이런 행태가 PB를 약화합니다. 이는 PB가 아니라 대중운동이 풀어야 할 과제입니다. 동원된 주민은 자신의 이익과 일에 관심 있을 뿐, 공동의 이익에는 관심이 없어요. PB는 공동의 이익을 바탕으로 운영되어야 해요. 공동의 정신을 증진하고, 특정 이익이 아닌 공공선을 위해 싸우는 것이 대중운동의 과제라고 봐요.

주제 : 우리는 이 운동이 조직되는 방식을 지켜보고 있습니다. PB가 마을 공동체의 전 과정을 통제해야 한다고 생각하진 않아요. 대중조직에서 더 많은 것이 나와야 해요. 지난 15년 동안 해온 방식을 보면, PB 기구를 통해 모든 것을 결정하니까 대중운동이 약해지면서 마을 공동체 조직이 마비되는 시기가 있었어요. 그래서 부정적 요소 중 하나가 이런 대중운동의 문제라고 생각해요.

실비우 : 내가 볼 때 PB가 전체 주민에게 영향을 미친 가장 중요한 점은 주민 참여의 문제입니다. 모두 어느 정도 기억하겠지만, 지금과 정치적 상황이 전혀 다른 15년 전에 PB가 시작되었을 때, 주민은 방관자에 불과했어요. 많은 정치인이 마을 공동체가 아니라 자기 이익을 위해 일했고, 주민의 지지를 얻어내는 방편으로 공공사업을 집행하는 온정주의가 팽배했죠. 하지만 PB가 도입되면서 주민은 정치적 변화의 주역이 되었어요. 자신들을 조직하면서 하수도나 도로포장 같은 변화가 일어나는 것을 봤죠. 이런 것은 전 세계를 위한 대중 참여의 본보기라고 생각해요. 주민은 변화의 동인이 되었어요. 변화와 변혁이 PB를 정의하는 최상의 표현이라고 봅니다.

이안 : 변화를 말씀하셨는데 가장 중요한 측면은 어떤 것입니까? 도로포장이나 의료 서비스 등 구체적 혜택 측면의 변화인가요, 아니면 주민 참여 같은 정치적 변화인가요?

주제 : 정치적 측면이라고 생각합니다. PB가 단지 시장 집무실에서 선의로 시작됐다고 볼 수는 없습니다. 대중 참여를 바라는 이데올로기적 경향이 있었기 때문이죠. PB의 시작에는 독립적 대중운동의 역할도 있었습니다. 예를 들어 글로리아 지역에는 PB가 시행되기 전에 독립적 주민평의회가 있었어요. 우리에게 PB는 글로리아 주민평의회 산하 위원회로 시작되었죠. 이런 자발적 대중운동이 포르투알레그리에서 PB의 시작을 가져왔고, 그 결과 PT가 네 번 연속으로 집권했습니다. 글로리아 지역에는 오늘날에도 강력한 주민평의회가 있어서 지역 전체에 걸쳐 우리가 원하는 것을 어떻게 실현할지 토론해요. 그래서 이런 정치적 문제가 핵심적 측면이라고 봐요. 주민이 자기 지역 거리와 작은 구역을 챙기려고 PB에 참여한다는 엘로이사의 말도 타당하다고 봅니다.

실리 : 주민은 의료 시설과 주택을 원하니까요.

주제 : 전체 공동체보다 거리 한 곳과 관련된 특정 사항 때문이죠. 그러나 많은 주민이 지역 전체를 위해 싸워야 한다는 것을 점차 깨닫고 있어요. 예를 들어 자기 지역 거리에 있는 무엇을 고치려고 왔다가 이 지역에 굶주리는 가족이 있다는 것을 알면, 아마 사회복지 항목에 투표할 것입니다. 내 집 앞 도로포장을 위해 싸

우지만, 그때 강제 퇴거가 진행되면 주택이 우선순위가 되어야 해요. 이것이 정치적으로 성숙해지는 겁니다.

엘로이사 : 맞아요, 주민은 종종 자기 지역 거리의 이익을 위해 사업안이 통과되기를 원해요. 그런데 주민이 모이면 연대의 의미를 배우죠. 공동체를 위해 싸우면 자신과 공동체 모두 승자가 된다는 것을 깨닫습니다.

이안 : 일반 주민에게는 구체적인 게 더 중요하지 않아요?

닐벵 : 다양한 사안이 있다고 봅니다. 마을 공동체의 빈민 지역, 특히 언덕 위 판자촌에 사는 사람들에게는 도로포장이나 기타 공공사업이 필요해요. 이런 것이 이웃을 위해 해야 할 사업이고, PB에 요구해야 할 사항이죠. 이 도시든 브라질 어디서든 마을의 열악한 현실을 바꾸기 위해 노력하고, 그 노력 뒤에서 더욱 단결할 필요가 있습니다. 그런데 마약 같은 사회적 문제도 있어요. 이 역시 날마다 가정을 파괴하는 현실적인 문제예요. 마약은 저의 주된 관심사입니다. 상습적인 마약 복용자를 위해 사회복지사업을 요구하고, 그들을 위한 공간을 확보하려고 PB를 이용하죠. 그러면 중독자라고 해도 공동체에 온전히 참여하는 주민으로 돌아올 수 있습니다. 이런 것이 다 이 운동에 속한 부분입니다. 단지 아스팔트와 가로등 문제가 아니라 인간적인 측면도 있죠.

실리 : 여러 가지 일을 함께 하죠. 주민은 사회복지사업뿐만 아니라 주택, 의료 서비스 등이 필요하니까요.

닐벵 : 모든 것이 중요합니다. 공동체 전체가 참여하는 것이 가장 중요하고요. 우리의 참여는 공동체 발전의 일부라고 생각해요. 참여야말로 PB가 의미하는 것이죠.

실비우 : 참여는 시민 정신이에요. PB는 공동체가 완전히 버려진 상황에서 수립되었습니다. 뭐 하나 부족하지 않은 것이 없는데다, 교육과 공공서비스가 무너진 상황이었죠. 하지만 공동체는 PB를 통해 더러운 진흙탕을 건너다녀야 하는 일상과 학교조차 없는 온갖 역경에 맞서 변화의 동인이 되었어요.

에지마르 : 공동체가 참여하기 전에는 시의회 회의실에서 문을 꽁꽁 닫은 채 사업을 결정했습니다. 이제 의회는 공동체가 무엇을 요구하는지 알아요. 공동체에 필요한 것을 상상하는 게 아니라 공동체의 특정한 요구에 반드시 따라야 해요. 정치에 대한 주민의 태도가 바뀌는 것도 이 때문이죠. 전에는 "에이, 그건 순전히 정치야. 정당의 일이지"라고 넘겼어요. 하지만 싸우기 시작하면 정치가 됐든 뭐가 됐든, 원하는 게 있으면 간여해야 한다는 것을 깨달아요. 그래서 지식이 별로 없는 가난한 주민도 일이 어떻게 돌아가는지 이해하면 더 활발하게 참여해요. 처음에는 자기 이익을 위해서 참여하지만, 나중에는 다른 사람까지 도우려 합니다. 그렇게 연대의 의미를 배우죠.

학교에 다녀본 적이 없는 카티아Katia 같은 여성이 있어요. 원래 자기 이름도 못 썼지만, 적극적인 참여 활동을 시작한 뒤로는 공부를 했어요. 공부가 필요하다고 스스로 판단한 거죠.

엘로이사 : 그런 사람은 PB 운동과 지방정부에 자기 생각이 받아들여지는 것을 보며 자부심을 느껴요. 그러면 자신감을 되찾아서 자기가 원하는 것을 위해 싸우고, 자신의 삶을 향상하고, 공동체에 도움을 주죠.

이안 : 일부에서는 PB가 시청에서 결정한 정책을 승인하는 데 그친다며 조작된 허구적 민주주의라는 비판이 있어요.

주제 : 동의하지 않아요.

실비우 : 저 역시 동의하지 않아요.

주제 : PB가 시작되었을 때, 저도 1기 PB 평의원이었기 때문에 동의하지 않아요. 우리가 PB를 만들었다고 할 수 있어요. 그전에는 존재하지 않았죠. 1988년으로 기억하는데, PB에 대해 토론할 때 시장과 국장 전원, 평의원 16명이 총회에 참석했습니다. 어떻게 일해야 할지 이해하기 시작했고, 결국 이 제도를 만들었습니다. 제도 운용에 대한 모델이나 안내서, 업무 지침서는 전혀 없었어요. 우리가 직접 PB를 만들었으니까요. 주민은 PB를 만든 순간부터 통치를 시작했고, 공동 정부가 되었어요.

시민권을 가장 중요한 덕목이라고 한다면, PB가 시민을 만들어냈어요. 많은 주민을 의식 있는 시민으로 바꿔놓았죠. 예를 들어 초창기에 포르투알레그리 주민이 최우선 사업으로 무엇을 선택했을까요? 도로포장이에요. 사회복지, 토지 소유, 의료 서비스, 교육 같은 사안이 결코 첫째가 아니었죠. 오늘날에는 그것들이 최우선 사안입니다. 이런 점은 시민으로서 주민 의식이 성장했음을 보여 주죠. 이런 것을 우리가 만들어냈습니다.

또 다른 중요한 측면은 이 제도가 법은 아니라는 것입니다. PB 는 정해지지 않았어요. PB는 지속적인 토론과 발전으로 진행된다고 할 수 있어요. PB를 더 발전시켜야 할 필요성에 대해 진지하게 논의해야 하는데, 이는 지금 당면한 아주 중요한 싸움입니다. 이를 좀 더 다뤄야 한다고 봅니다. PB가 벌써 한계에 이르렀다고 보진 않아요.

이안 : 어떻게 더 발전시키죠?

주제 : 커다란 도약을 얘기하자면, 시의 세입과 공공사업에 대한 논의를 넘어서야 한다고 말할 수 있어요. 예산 전체를 논의할 필요가 있죠. 지역 서비스에 대해, 서비스 정책에 대해 토론할 필요가 있어요. 지금은 자본 투자에 관한 정책을 다룰 뿐입니다. 자본 투자의 모든 지출 사항은 토론하지만, 서비스 관련 사안은 그렇지 않아요. 현재는 의회 수입 65퍼센트가 의회 인건비에 지출돼요. 그러나 사회는 그 인건비를 통제하지 못하죠. 이런 것은 바뀌어야 합니다. PB는 자본 투자와 서비스를 전부 포함해야 해요. 이런 점이 지금 우리가 당면한 투쟁입니다. 우리가 이 문제에서 진전을 보지 못하면 PB는 활력을 잃고 퇴보할지도 몰라요.

엘로이사 : 공동체는 그동안 해온 것을 바탕으로 자기 돈이 어

디에 투자되는지 통제하고 감시합니다. 이제 우리는 서비스에 지출되는 부분도 통제하기를 원해요. 돈이 잘 쓰이는지, 더 잘 쓰일 만한 곳이 있는지 확인하고자 합니다.

실비우 : 바로 그거예요. PB는 넣지도 못하고 꺼내지도 못하는 닫힌 상자가 아닙니다. PB는 상시적으로 변화하고 앞으로 나아가죠. 여기 글로리아의 공동체에서 제안하면 시 전체가 고려해요. 이는 PB의 큰 이점입니다. PB는 항상 발전해요. 판단하고 변경 사항을 결정하는 일은 공동체의 손에 달렸어요. 무슨 일이 일어났는지 알고, 어디에 문제가 있는지 보고 대안을 생각해내는 현장의 공동체죠. 이것이 PB의 가장 긍정적인 점이에요. 공동체가 만들고, 여전히 만들어가는 참여민주주의입니다. 끊임없이 변화하는 열린 과정이기 때문에 PB를 조작하기가 매우 힘들어요. 엘로이사가 제기한 문제가 염려스러운 건 사실이에요. 주민은 하수도나 놀이방이 생기고 나면 PB에서 사라집니다. 이는 공동체의 해체로 이어지죠. PB의 진짜 비결은 주민 동원에 있는데, 그런 주민을 다시 참여시키기는 상당히 힘들어요. 이런 점 때문에 일부에서 조작에 대해 말하는 것입니다. 하수도나 놀이방이 없는 공동체는 주민을 100명, 200명씩 PB 총회에 동원하지만, 그러지 못하는 공동체는 뒤처지니까요. 모든 것은 공동체에 달렸죠. 공동체는 주민을 조직하고, 주민과 함께 가야 해요.

닐벵 : PB가 성과를 거두려면 공동체의 참여가 필요합니다. 그

것이 없으면 실비우가 말했듯이 조작이 있을 수 있어요. 그러나 사실 조작이 아니고, 특정 공동체가 심하게 관여하는 것이죠.

엘로이사 : PB는 이런 장점도 있어요. 리더가 선출되어도 힘이 있다고 우쭐거리면 공동체는 그 사람을 빠르게 사퇴시킬 거예요. 주민은 투쟁하는 법을 배웠고, 자기 목소리를 낼 수 있기 때문에 이제 쉽게 속지 않아요. PB를 조작하려는 움직임이 있으면 공동체에서 지체 없이 이 문제를 다뤄요. 조작에 관여한 리더는 다시 선출되지 못하고 권한을 잃습니다. 힘을 잃죠.

에지마르 : 우리는 정부가 아니면서도 통치를 하는 것입니다.

엘로이사 : 공동으로요.

에지마르 : 맞아요, 공동으로. 어떤 리더는 혼자서 정부의 이름으로 서명하죠. 하지만 우리가 원하는 것이 아니면, 그것이 틀렸으니 우리가 원하는 식으로 해달라고 말합니다. 우리가 당신을 여기에 앉힌 사람들이니, 우리가 원하는 방법대로 하라고 해요. 우리가 정부에 권한을 주었으니 정부는 우리의 지시를 따라야 합니다.

이안 : PB에 공공사업, 인건비, 서비스의 모든 측면을 포함할 수 있다 해도 브라질 국민이 맞닥뜨린 가난과 불평등이라는 큰 문제를 해결하기에는 여전히 모자랄까요?

엘로이사 : 그러려면 국가 차원의 PB가 필요해요. 가난은 국가 정책의 결과이기 때문이죠. 지방정부가 해결할 방법은 없어요.

실비우 : WSF의 본고장인 히우그란지두술과 포르투알레그리는

더 큰 맥락의 일부입니다. PB도 분명 그래요. 우리가 사는 브라질은 여기 히우그란지두술의 모든 사람이 규탄하는 신자유주의 프로젝트의 표적이었어요. 신자유주의 프로젝트는 사회정책 관점에서 보면 아무런 발전이 없죠. 사람들을 더 가난하게 만들 뿐이에요. 하지만 그것은 시와 주, 공동체의 통제를 넘어서는 일이죠. 이런 점이 PB가 더 빠르게 진보하는 것을 막아요. 이는 보편적인 정치 상황이에요. 그렇지만 포르투알레그리 시와 히우그란지두술 주의 사례는 여전히 전 세계에 영감을 주고, 브라질에게는 하나의 꿈이자 유토피아죠.

주제 : 실비우의 말이 전부 옳습니다. 포르투알레그리를 세상과 동떨어진 섬으로 여겨서는 안 돼요. 신자유주의적 세계화 정책은 위에서 아래로 내려오고, 우리는 중간에 있습니다. 라틴아메리카에 속한 브라질은 가난한 나라죠. G7 국가가 아닙니다. 브라질은 오늘날 여전히 식민지로 간주됩니다. 이것이 우리가 벗어날 수 없는 맥락이죠.

하지만 PB는 일종의 씨앗입니다. PB는 정말로 대안이 있음을, 탈출구가 있음을 보여줘요. 토지없는농촌노동자운동Landless Workers' Movement, MST* 역시 대안을 추구하는데, 이런 큰 사회운동이 우리

---

* 포르투갈어는 Movimento dos Trabalhadores Rurais Sem Terra. 1984년에 설립된 브라질의 사회운동 단체로, 회원이 150만 명에 이른다. 농지개혁, 가난한 노동자를 위한 농지 접근권, 불평등한 소득분배, 인종주의, 성차별 등 사회문제를 위해 싸운다.

를 지지합니다. MST가 자신의 대안과 PB의 대안을 결합하면, 적어도 공공 지출은 더 충분히 토론해서 사회적 필요에 부응하도록 만들 수 있어요. 공적 자금이 그전에는 어디에 사용되었나요? 연방정부 예산과 마찬가지로 은행과 거대 은행가를 회생시키는 데 사용되었죠. 포르투알레그리에서는 그렇지 않아요. 여기서 돈은 공동체에 혜택을 주는 프로젝트에 투자됩니다.

엘로이사 : 시민은 PB를 통해 폭력에 의존하지 않고도 자기 이익을 위해 싸우는 법을 배웠습니다. 소리 지르거나 기물을 파손하지 않고도 원하는 걸 얻을 수 있어요. 정부와 다툴 공간이 있다는 것을 배웠어요. 이 길은 좋지 않고, 그 프로젝트는 통하지 않을 테니까 다른 방법을 찾아야 한다고 말하죠. 보통은 공동체에서 최상의 방법을 제시해요. 기술 관료는 공동체에 필요한 것을 정확히 알지 못하기 때문이죠. 그래서 시민은 자기 요구를 위해 싸울 권리뿐만 아니라 일 처리에 대한 견해를 가지고 전체 상황을 개선하기 위해 주장할 권리도 있음을 배워요.

하지만 국제적 상황을 다루기에는 아직 한참 멀었어요.

주제 : 그렇고말고요. PB는 세계를 구하는 것이 아닙니다. 이 부분은 확실히 짚고 넘어가야 해요. PB는 공공투자를 개선하는 문제입니다.

엘로이사 : 주민에게 공공투자를 감시할 권한을 주는 것이죠.

주제 : 지금 브라질의 가장 큰 문제는 외채입니다. 국가의 가장

큰 문제가 외채를 갚느라 매달 천문학적인 금액을 지불하고 남는 거대한 공백이에요. 지불유예로 해결하든지, 그것도 아니면 모르겠어요. 타개책이 필요해요.

엘로이사 : 그 돈은 부유한 나라를 지원하기 위해 사용될 뿐입니다. 부유한 나라에 혜택을 주는 건 우리의 값싼 노동력이에요. 우리는 모든 것을 싸게 수출해야 합니다. 부유한 나라는 법을 만들어 자국 상품을 보호하고, 우리 상품은 손해를 보죠.

실비우 : 이것은 PB가 주는 또 다른 가치입니다. 주민은 자기 동네에 그치지 않고 이웃에게 관심을 두기 때문이죠. 우리가 하는 토론은 우리에게 영향을 미치는 국제적 문제와 늘 부딪힙니다. 미주자유무역지역Free Trade Area of the Americas, FTAA이 한 예입니다. 나는 이를 반대합니다. 우리는 노예가 아니에요. FTAA는 브라질 사람은 글을 모른다고, 브라질이 축구와 삼바의 땅이라고 해요. 이와 반대로 MST와 PB는 우리에게 대안이 있음을 보여줍니다. PB는 완벽하지 않지만 사회적 배제와 맞서 싸우는 대안이죠. 오늘날 세계에는 빈곤이 만연하지만, 사회적 배제와 배고픔, 빈곤, 문맹에 대항한 싸움이 가능하다는 것을 보여주는 공동체의 투쟁 사례가 많아요. 히우그란지두술이 이런 부분에서 중요한 역할을 해요. 정부 덕분이냐고요? 아닙니다. 우리의 노력이죠. PB를 만든 것도, 공동체와 아이들을 염려하는 것도 우리예요.

닐벵 : 실비우가 문맹을 언급했습니다. 여기 포르투알레그리에

는 MOVA라는 글 읽기 운동이 있어요. 나도 거기서 활동하는 교사입니다. 나이가 70~80세 되는 제자를 보면 정말 기뻐요. 그들은 살면서 연필을 잡아본 적이 없었어요. 이제는 글을 읽고 자기 이름을 쓸 줄 아니까, 어느 버스가 자기 집 방향으로 가는지 물어볼 필요가 없어요. 이 모든 것이 운동의 한 부분인데, 그들도 인간으로서 가치를 누리게 하려는 것이죠. 공부할 기회가 한 번도 없던 주민이 지금은 공부를 해요. 이제 그들은 집에서 문을 걸어 닫고 죽을 날만 기다리지 않아요. 자부심과 희망의 문제죠.

주제 : 주민은 PB 덕분에 크고 작은 온갖 일을 생각해요. 읽고 쓰기를 배우려는 팔순 노인이 있는가 하면, 라틴아메리카의 자유무역 문제를 고민하는 사람도 있죠. 사회적 혁명은 어떤 시민에게서 시작되어야 하는가가 중요하다고 봐요.

엘로이사 : …헌신적인 시민.

주제 : 헌신적이고 현실을 정확하게 아는 시민. 그것이 PB가 의도하는 바입니다. PB는 공공사업뿐만 아니라 큰 쟁점을 토론하려고 해요. 나는 의식이 깨어 있는 시민과 함께 시작하지 않는 어떤 혁명도 믿지 않아요. 아주 넓은 해변에 떨어진 모래 한 알에 불과할지 모르지만, 모래알은 크게 늘어나고 있어요. 우리가 주 차원에서 해왔듯이 PB를 널리 전파할 수 있었으면 좋겠어요. 우리는 주의회에서 만난 우파 때문에 온갖 어려움을 무릅썼어요. 재원이 풀리지 않아 주정부가 아니라 주민이 직접 PB를 시행해야 했죠. 그

러니 대통령 선거에서 좌파의 승리가 무엇을 의미할지 상상해보세요! PB는 브라질 전역에서 시행되어야 해요. PB는 온 세계에 필요한 모델이라고 봐요. 현재 세계가 처한 상황은….

닐벵 : …아주 개인주의적이죠.

주제 : 세계화가 지금처럼 계속되면 힘 있는 몇 사람이 세상의 모든 것을 결정하는 지경에 이를 겁니다. 모두를 위해 바람직하지 않죠.

실비우 : 자본주의의 모든 문제와 국가가 나아가야 할 길을 생각하면, PB는 우리 같은 노동자에게 도움이 된다고 봐요. 사실상 노동자에게는 PB가 최고의 선택일 수 있어요. PB는 자부심을 되찾게 해주고, 우리를 온전한 시민으로 만들 수 있기 때문이죠. PB는 우리가 정말 중요하다는 사실을 깨닫게 만들어요.

엘로이사 : PB는 주민을 모으는 일이 거리에서 외치는 허울 좋은 슬로건에 불과하지 않다는 점을 깨닫게 만들죠. '단결한 주민은 결코 패배하지 않는다' 같은 슬로건 말이에요. 이는 그냥 외치는 말이 아니라 우리가 실제로 할 수 있는 일입니다.

주제 : 브라질은 경제 규모가 세계에서 여덟 번째로 큰 나라입니다. 그런데 어떻게 인구의 3분의 1이 굶주릴 수 있죠? 분명히 뭔가 잘못되었어요. 이런 논의가 PB뿐만 아니라 지역 연맹, 노조, MST의 토론에서도 나오기 시작했어요.

이안 : 포르투알레그리가 세계화에 대항하는 국제 운동의 기준

과 상징이 되는 점에 대해 어떻게 생각하세요?

닐벵 : 아주 좋게 생각해요. 여기서 하는 일이 좋고, 이것이 다른 사람들에게 본보기가 되기를 바라기 때문이죠. 이는 작은 것에서 시작됩니다. 예를 들어 며칠 전에 폭풍이 불어서 이웃에 사는 몇 가족이 집을 잃었어요. 시청을 통해서 그들을 위한 집 세 채를 마련했어요. PB와 참여로 해낸 이런 일을 생각하면 아주 뿌듯하죠.

실리 : 전 세계의 본보기가 되고 모델이 되면서 더 열심히 참여했어요. 격려를 받으니까 더 멀리 나아갔죠. 여기 라틴아메리카 대륙, 브라질, 포르투알레그리에 주인으로 우뚝 선 공동체가 있다는 사실을 세상에 말할 수 있어서 자랑스러워요. 공동체가 방향을 가리키면 정부는 따르는 거죠. 이제 자기를 찍어주면 혜택이 돌아갈 거라고 속이는 시의회 의원들에게 의존하지 않아요. 시의회 의원들이 우리에게 의존하죠. 지금 그들은 우리가 고용한 사람이에요. 우리가 결정한 지출을 승인하는 것이 지방의원의 일입니다. 우리가 우선순위를 정해요. 어느 지역, 어떤 일에 돈을 써야 할지 말하죠. 이는 아주 중요해요. 우리는 지역적인 일을 파고들었는데, 이제는 아메리카 대륙의 자유무역과 WSF, 보건과 주택 같은 전 지구적 문제에 대해 발언할 수 있는 자신감과 권위가 생겼어요. 전세계의 본보기가 되었죠. 이전에는 상상도 못 한 일이에요. 그래서 이 메시지를 전 세계 사람들에게 전하고 싶어요. 아직 PB를 시행하지 않는 나라에 사는 사람들이 이 제도를 더욱 발전시킬 수 있게

말이죠.

엘로이사 : 다른 시도 마찬가지예요. 우리 역시 작은 것부터 시작했어요. 작은 지역과 시가 시민 각자가 가진 힘을 깨달으면, 세상만사는 아니라도 상당수 문제를 해결할 수 있을 거예요. 주민이 무엇을 해야 할지 깨닫도록 우리가 도움을 줄 수 있다는 점이 가장 중요해요. 이렇게 하면 부정부패와 예산의 남용을 줄일 수 있죠. 주민은 늘 존재하니까요. 누가 시장이나 시의원에게 뇌물을 줄 때, 어떤 돈이 들어오고 나가는지 지켜보는 사람이 있어요. 주민이 사업을 감독해요. 주민은 예측할 줄 알고, 비용이 얼마나 들지도 알아요. 모래 한 알이 없어져도 알 거예요. 공동체는 이런저런 사업만 요구하지 않아요. 전 과정을 시작부터 완료 이후까지 감시하죠. PB는 주민이 직접 얻어낸 성과예요. 시의원이 주민한테 잘보이려고 해준 것이 아니에요. PB는 주민에게 자식 같은 존재니까 앞으로도 소중히 여기고 잘 돌볼 거예요.

실비우 : 우리가 여기서 하는 일은 씨앗을 뿌리는 것이라고 생각합니다. PB는 우리가 심고, 물을 주고, 매일 보살피는 씨앗이죠. 이제 PB는 튼튼하고 멋지게 자라지만, 주의가 필요해요. 가지를 다듬어야 PB가 더 강하게 성장할 수 있어요. 건강하고 튼튼하게 자라는 아이를 지켜보는 엄마처럼, PB의 씨앗이 많은 지원을 받으며 자라는 모습을 바라보는 것이 즐거워요. 여기 있는 사람들을 전부 대신해서 말할 수 있을지 모르겠지만, PB는 이제 우리 삶의 일

부가 되었다고 확신합니다. PB가 계속 수정되는 점은 아주 중요해요. PB는 폐쇄된 과정이 아닙니다. 완성되지도 않았어요. PB는 공동체의 대단한 업적이죠. PB는 가난과 싸우고, 삶을 개선하며, 사회적 배제에 반대하는 길입니다.

오늘날 세계는 거대한 사회적 붕괴를 경험하고 있어요. 우리는 여기 히우그란지두술에서 PB를 통해 그 붕괴를 반전시키죠. 주민은 더 품위 있게 살아요. PB를 통해 음식, 교육, 기본 위생 시설, 제대로 된 도로를 이용할 수 있으니까요. 이런 것이 세계의 본보기가 된다면, 그럴 수 있어요. 많은 사람이 포르투알레그리에 와서 두 눈으로 직접 보기 바랍니다.

주제 : 히우그란지두술 주는 과거 민주화 운동의 상징이었어요. 군부독재 시절 이전인 1960년대 초반부터 1964년에 모든 것을 중단한 군사 쿠데타가 일어날 때까지 대중운동의 가장 강력한 기지였죠. 그래서 포르투알레그리는 민주주의와 참여의 전통이 있습니다. 강력한 MST가 있고, 강력한 노동조합과 지역 시민 단체가 있어요. 이 모든 것이 PB가 오늘날과 같이 발전할 수 있게 만들었죠.

하지만 PB가 이 나라를 구한다고 생각하진 않아요. PB의 강점은 계속 수정하는 데 있어요. 우리는 PB가 할 수 있는 것의 10~30퍼센트도 이루지 못했죠. 이것이 훨씬 더 큰 그림의 일부임을 주민 전체가 깨달을 때, 비로소 PB가 도달할 수 있는 한계에 가까이 갈 거예요. 가까이라고 말하는 것은 한계가 없기 때문이죠. 우리가 지금 무엇을 위해 싸우는지 이해할 때 우리의 이웃과 지역, 포르투알레그리, 여기 우리 주는 더 큰 전체의 일부가 됩니다. 결국 우리는 그 전체에, 예를 들면 G7이 이끄는 나라에 도달해야 해요. 전 세계 부富의 60퍼센트 이상을 통제하는 200개 글로벌 기업과 대결해야 합니다. 이것이 PB를 통해 일어나는 엄청난 시민권의 성장이 나아갈 방향이에요. 우리의 기준은 도로가 포장되었는지 여부가 아닙니다. PB는 예산이 주민이 원하는 곳에 사용되고, 개인 비자금으로 유용되는 것을 막는 것으로 충분하지 않아요. 더 원대한 목표를 세워야 해요. 이것이 우리가 포르투알레그리에서 지난 15년 동안, 주 차원에서 4년 동안 PB를 발전시켜온 이유입니다. 이제는 브라질 전역에서 PB를 시행할 가능성을 보고 있어요. 이 일을 할 수 없다면, PB의 씨앗을 지속적으로 모든 차원에서 뿌릴 수 없다면, 이 나라와 세계에 무슨 일이 일어날지 정말 알 수 없어요.

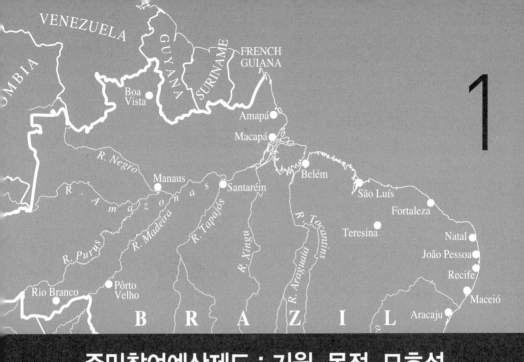

주민참여예산제도 : 기원, 목적, 모호성

1.

포르투알레그리 PB 중심에는 모순이 있다. 이는 포르투알레그리를 첫 번째 본고장으로 삼은 세계정의운동이 은연중에 공유하는 모순이다. 수십 년 사이에 직접민주주의의 가장 급진적 실험이라고 할 PB가 어떻게 브라질 같은 종속적 자본주의국가의 헌법적 틀 안에서 평화적으로 발전할 수 있었는가. PB는 파리코뮌과 초기 러시아 소비에트soviet*에서 영감을 얻었으며, 민주주의를 의회 대의제와 동일시하는 지배적 경향에 치열하게 도전한다. PB가 정말 지금과 다른 세상을 만들 씨앗이라면, 이 새로운 식물은 왜 꽃을 피우려는 조짐도 없이 오랫동안 땅속에 머무르는가.

같은 질문을 다른 식으로 할 수도 있다. PB는 어떻게 브라질 집권당인 PT 안에서 급진 좌파와 뉴라이트에게 모두 필수 사항이 되

---

* 소비에트는 러시아혁명 전후 노동자, 농민 등의 민주적 자치 기구다. 영어로는 평의회(council)를 뜻하기도 한다.

없는가. 세계정의운동의 좌파가 헌신하는 현장이자, 처음 세 차례 WSF 개최지로 선정된 포르투알레그리는 어떻게 UN의 해비타트와 세계은행이 찬사를 보내는 대상이 될 수 있었는가. 포르투알레그리는 어떻게 가장 독창적이고 급진적인 지방정부뿐만 아니라 구식 사회민주주의를 고수하는 중도좌파와 제3의 길을 모색하는 중도우파를 포함해서, 라틴아메리카 안팎에 있는 갖가지 색 지방정부의 모델이 될 수 있는가. PB는 어떻게 모든 사람에게 모든 것이 될 수 있는가.

이 모순은 몇 가지 광범위한 모호성과 겹친다. 지난 세기 마지막 몇 해 동안 심화되고, 이번 세기 초에 해방을 위한 정치가 직면한 가장 큰 난제에 남은 모호성이다. '공동체' '참여' '권력'이 갖는 의미의 모호성, '민주주의'와 '사회주의'가 갖는 관계의 모호성은 베를린장벽이 붕괴되기 훨씬 전부터 존재했다. 그러나 이 모호성은 그때 이후로 한층 더 중요해졌다. 시애틀 세계정의운동과 이라크 전쟁에 반대하는 거대한 운동 이후 정치에 등장한 신세대에게 말이 통하는 어법으로 21세기 사회주의를 얘기하고자 한다면, 이 모호성을 다루는 것은 불가피한 일이다.

_ 룰라 정부의 딜레마

이 모순의 가장 뚜렷한 징후는 PT의 대선 후보 룰라가 2003년 1월 1일 브라질리아에서 대통령에 취임할 당시, PT에 닥친 전략적 딜

레마에서 나타났다. 이 도전에 대한 견해는 당시와 이후가 다르고, PT 내부와 외부가 다를 뿐만 아니라 심지어 PT 정부에서도 다르다. 이처럼 견해가 다른 것은 'PT의 통치 방식o modo petista de governar' 으로 알려진 지방정부의 초기 경험에 대한 각기 다른 태도가 상당 부분 투영되었다고 볼 수 있다.

PT의 모든 사람들은 PB가 'PT의 통치 방식'에서 핵심 요소가 되었음을 인정했다. 특히 당내 좌파의 많은 사람들에게 이 제도는 지역 차원에서 PT의 경험을 규정하는 특징이었다. 따라서 PB는 PT 중앙정부가 국가 차원의 과업에 어떻게 접근해야 하는지 알려주는 필수 지침이었다. 브라질 대통령 선거가 있기 몇 달 전인 2002년 10월, 포르투알레그리 시장을 역임한 이 책의 주요 기고자 하울 폰트[1]는 그 도전에 대한 자신의 견해를 들려주었다.

참여민주주의는 PT 강령의 중심이 되어야 합니다. 브라질에서 종전 대의민주제는 사회 불평등과 관료주의, 부패를 강화하도록 설계되었습니다. 룰라가 대통령 선거에서 이긴다 해도 국회에서는 그저 소수파에 불과합니다. 이런 상황에서 주민과 직접적 관계가 있는 PB는 생사가 걸린 불가피한 일이 될 겁니다. 룰라가 이 같은 장치를 도입하지 않으면 국회의 볼모가 됩니다. 통치할 수 없을 거예요. 룰라 정부는 국회를 장악한 보수파의 정부가 되고 말 겁니다. 그것은 우리 정부라고 할 수 없어요. 이는 PT와 브라질 좌파의 갈림길입니다.

PT 지도부 대다수의 의견은 달랐다. 그들 역시 '참여민주주의'

의 필요성을 반복해서 언급했다. 2001년 말 북동부의 도시 헤시피Recife에서 선거 전 마지막 전당대회가 열렸을 때, 당이 채택한 통치강령안내지침은 국가 차원에서 PB를 시행하는 '엄청난 도전'까지 언급했다.

하지만 대통령궁에 입성한 뒤 취한 조치는 매우 평범했다. 첫 번째 주요 조치는 대통령에게 '조언'하는 경제사회발전평의회를 설립하는 것이었다. 포르투알레그리 시장을 역임한, 당 중앙의 정치 본부 출신 타르수 젠후Tarso Genro*가 이 평의회를 이끌었다. 이 평의회는 지명 평의원 82명으로 구성되는데, 산업·상업·농업 대표 29명, 은행가 7명, 노동조합 대표 13명(이 가운데 몇 명은 친기업적 노조 연맹 출신이다), MST 대표 1명, 사회운동 대표 4~5명이 포함되었다. 평의회의 목표는 시민사회의 각종 제안 사항을 정부 정책에 반영하는 것이었다. 그러나 평의회는 구성원의 면면과 부족한 실권 탓에 국민에게 통제권을 넘기기보다 새 정부와 재계의 협약을 강화하는 쪽으로 기울었다.

몇 달 뒤 정부는 '중·장기 계획'을 토론하기 위해 브라질 여러 주에서 27개 공공 자문 회의를 조직했다. 하지만 대중 참여의 폭은 여전히 제한적이었으며, 그 영향력은 문자 그대로 자문에 지나지 않았다.

---

* PT의 정치가. 포르투알레그리 시장을 거쳐 2011년 히우그란지두술 주지사로 당선되었다. 2005년 주제 제노이누(José Genoino)가 멘살랑(Mensalão) 매표 부정 스캔들로 PT 총재에서 사임했을 때, 후임 총재가 되었다. 룰라 대통령의 최고 정치 고문으로, 2007년 룰라 정부의 법무부 장관이 되기도 했다.

룰라 정부의 극단적 정통 거시경제 정책에 찬사를 보내던 런던의 경제 주간지 《이코노미스트The Economist》가 이 같은 조치를 PT 정부가 정책 수립 과정에서 민주적 참여를 전적으로 수용한 예로 묘사한 사실은 참여민주주의에 대한 신자유주의적 관점과 하울 폰트의 급진적 견해 사이에 잠재적 차이가 얼마나 큰지 보여준다.

_ 차이는 어디에서 왔나

'PT의 통치 방식'에 대한 사뭇 다른 견해는 PT의 창당 과정과 구성 요소에서 이미 존재했다. 그러나 견해 차이가 점차 분명해진 것은 PT가 처음 지방정부를 담당한 1980년대 초부터다.

 PT는 1982년 상파울루의 산업 교외 지역 중 하나인 지아제마Diadema에서 첫 시장을 배출했다. 브라질은 여전히 군사 통치 아래 있었으며, 2년밖에 되지 않은 신생 정당 PT는 그때까지 군부독재의 종말을 재촉하려는 거대한 파업 물결의 정치적 표현이었다. 지아제마는 파업 운동이 강력한 지역이었다. 1985년 군부독재가 종식되고 민주적 선거가 마침내 주도까지 확대됨에 따라,[2] PT는 북동부 세아라Ceará 주의 주도 포르탈레자Fortaleza에서도 승리했다. 포르탈레자는 브라질의 급진적 주교 한 명이 감독하는 교구로, 해방신학에 고무된 민중 교회 공동체운동의 강력한 근거지였다. 지아제마와 포르탈레자는 1980년 PT 창당을 위해 뭉친 세 가지 주요 소 중 두 가지인 신산업 노동자계급과 급진적 가톨릭교회를 상징적으로 대변했다.

PT가 지방정부에서 실제로 두각을 나타낸 것은 1988년 지방선거 이후다. PT는 브라질 전역 36개 시에서 시장을 당선시켰으며, 상파울루와 포르투알레그리에서 시장을 당선시킨 것이 무엇보다 중요하다. 브라질의 가장 큰 도시인 상파울루에서 PT의 첫 번째 행정 경험은 엇갈리는 평가와 함께 끝났다. 1992년 상파울루에서 재선에 실패하자, PT가 지방정부에서 거둔 성과를 대표하는 지역은 포르투알레그리가 되었다. PT는 포르투알레그리에서 1992년 선거뿐만 아니라 1996년과 2000년 선거에도 승리했다. 이 같은 성적에 일부 힘입어, 1998년에는 PT가 히우그란지두술의 주지사와 부주지사 선거에서도 이겼다.

인구 140만인 포르투알레그리는 주요 산업 중심지가 아니다. 이 지역 PT에서 노동조합은 존재감이 컸으나, 은행 같은 공공 부문과 서비스가 주요 기반이었다. 포르투알레그리의 첫 번째 PT 시장이면서, 나중에 히우그란지두술의 첫 번째 PT 주지사가 된 올리비우 두트라Olívio Dutra도 은행 노동자 조합의 지도자였다. 특별히 PB의 발전에는 민중적인 '가난한 사람들의 교회'[3]에 많은 기반을 둔 공동체 조직의 강력한 운동이 더 중요했다. 그러나 포르투알레그리에는 PT의 형성에 기여한 세 번째 주요소의 공급 역시 풍부했다. 그것은 조직화된 마르크스주의 좌파[4]다.

＿ 조직화된 좌파의 계파

PT는 창당 때부터 고전적 좌파의 다양한 줄기에서 나온 많은 계파로 구성되었다. 대체로 구 모스크바 계열 브라질 공산당Brazilian Communist Party, PCB에서 시기와 이념적 배경에 따라 분열된 계파다. 1960년대 후반과 1970년대 초, 이들 계파는 군부독재에 맞서 무장투쟁을 하려는 처참한 시도에 연루되었다.

예를 들어 룰라 대통령이 임기를 시작할 당시 PT 총재 주제 제노이누 네투José Genoino Neto는 아라과이아Araguaia의 아마존 지역에서 1970년대 초에 브라질의 공산당Communist Party of Brazil, PCdoB[5]이 조직한 지방 게릴라 작전에 참여했다. 주제는 극히 드문 생존자 중 한 명이다. 이후 그는 PCdoB와 결별하고, 새로 창당된 PT에 지지자들을 데려갔다. 그 이전 당 총재이며, 룰라 대통령의 첫 번째 비서실장이고, 새 PT 정부의 막후 실세éminence grise인 주제 디르세José Dirceu는 1960년대 말 도시 게릴라 운동에 관여한 학생 지도자였다. 군사정권에 의해 투옥된 주제 디르세는 1969년 납치된 찰스 엘브릭Charles Elbrick 미국 대사와 맞교환한 죄수 중 한 명이다. 그는 쿠바에서 잠깐 망명 생활을 한 뒤, 성형수술을 받고 파라나Paraná 주의 작은 마을에 숨어 살았다. 주제 디르세와 함께 PT에 합류한 도시 게릴라 운동의 옛 동지와 동조자들은 정치적 성향이나 경험이 쿠바혁명 지도자들과 비슷했다.[6] 룰라 정부의 실세인 안토니우 팔로치Antonio Palocci 재무 장관 같은 일부 고위 인사도 트로츠키 전통 계열에서 PT로 왔다.[7]

복잡하고 드라마틱한 이들의 개인사에서 두 가지 중요한 점이 도출된다. 첫째, 사상적 배경이 어떻든 PT의 모든 좌파 계열은 처음부터 민주적 투쟁이 절대 최선이라고 동의했다. 이는 쿠바 게릴라 모델의 좌절과 군부독재에 대한 대중의 민주적 투쟁에 따른 자연스런 결과다. 군부독재에 대한 민주적 투쟁을 이끈 것은 PT 창당의 주요소 중 두 가지인 룰라 주변의 노동조합 운동가와 급진적 가톨릭교회다.

둘째, 비록 많은 좌파 계열이 곧 분열하거나 사라졌지만, 그 기원에 따라 민주적 투쟁에 대한 상당히 다른 접근법이 계속 나왔다. 그 접근법은 여러 가지 영향을 받으면서 'PT의 통치 방식'과 PB에 대한 서로 다른 이해로 이어졌다.

_ 사회주의적 민주주의 정파

포르투알레그리 시와 히우그란지두술 주의 PT에서 가장 중요한 좌파 계열이자 PB의 원동력은 사회주의적 민주주의 정파Socialist Democracy, DS다.[8]

DS는 PT 창당 준비 과정에서 형성되었다. DS는 자신들을 새 당의 필수적인 부분으로 보았으며, 혁명적 당으로 발전하도록 돕고 싶다고 천명했다. DS는 PT의 다른 좌파 계열 조직과 기나긴 토론을 벌였다. 특히 PT를 일시적이고 전술적인 전위로 여기며, 스스로 진정한 혁명적 과제를 대변한다는 주제 제노이누 주변 그룹과 지속적으로 토론했다. DS는 이 토론에 이어 또 다른 운동을 전개함으로써 PT 내부 조직에 상당한 민주주의를 불어넣는 데 성공했다. 아주 오랫동안 PT를 남다른 당으로 만든 그 민주주의의 내용은 당내에서 정파를 형성할 수 있는 권리, PT 지도부 선출 때 소수파를 위한 비례대표제와 여성을 위한 최소 할당제를 실시하는 것 등이었다.

DS는 사회주의와 민주주의의 폭넓은 관계에 집착하는 모습을 보이기도 했다. DS가 동질감을 가진 국제적 계파는 스탈린 체제의 관료적·독재적 특징에 오랫동안 반대해왔다. DS는 합류를 시작한 1979년, 사회주의적 민주주의의 본질에 대한 새 논의에 참여했다. 이는 부분적으로 많은 서유럽 공산당이 의회를 통한 사회주의의 길과 대의민주주의의 덕목을 전폭 지지하는 방향 전환을 선택하자, 이에 혁명적 응답을 하려는 시도였다. 당시 '유러코뮤니즘'이라고 불린 그 방향 전환은 지방정부에 흥미로운 경험을 초래했다. 예를 들어 1970년대 '빨간 도시 볼로냐Red Bologna'*의 이탈리아 공산당 행정부는 포르투알레그리의 PT 행정부와 비교되었다. 그러나 둘은 상당한 차이가 있으며, 그 차이의 일부는 DS가 발전시킨 사회주의적 민주주의에 대한 다른 관점과 관련이 있다.

---

* 이탈리아 북부 내륙에 있는 대학 도시 볼로냐는 붉은 벽돌 건물이 많고, 2차 세계대전 이후 1999년까지 좌파 시장이 당선되었으며, 이탈리아 공산당의 정치적 근거지가 되었다. 1970년대 볼로냐에서는 이탈리아 공산당이 주도한 급진적 사회주의 정책이 시행되었다. 이 정책에는 무료 버스, 1인당 공공장소 최소 64제곱미터 확보, 역사 중심지에 대한 규제, 의료보험 등이 있다. 좌파 시장 아래 참여민주주의의 실험이 계속되었다. 이런 정치적 배경 때문에 '빨간 도시 볼로냐'라는 별명이 붙었다.

DS와 국제 협력 단체들은 처음에 직접민주주의와 의회제의 결합을 말하지 않았다. 대신 평의회나 소비에트처럼 직접민주주의를 내세우는 전통 마르크스주의 제도에 다당제 민주주의와 보통선거권 원칙을 도입하려고 했다. 그러나 1979년은 니카라과 산디니스타 혁명*이 일어난 해이기도 하다. 산디니스타민족해방전선이 1980년대 초 국가평의회를 통한 직접 대표제 형식에 의존하지 않고 국회에 다당제 선거를 요청했을 때, DS의 사회주의적 민주주의에 대한 논의는 한 걸음 더 나아갔다. 라틴아메리카와 각지의 혁명적 좌파는 산디니스타민족해방전선의 전환이 '부르주아 제도'를 인정한 것이라고 애통해했다. 하지만 DS와 그 동조자들은 이 전환이 최근 역사에서 최초로 혁명과 투표 제도가 결코 양립 불가능하지 않으며, 바람직한 조합임을 실증한다고 환영했다.[9]

　물론 사회주의적 민주주의에 대한 DS의 새로운 생각이 비록 제한적이나마 실제 적용할 장을 찾은 것은 1989년 이후 PT 행정부가 PB를 시도한 포르투알레그리다.

　DS가 포르투알레그리에서 PT의 가장 영향력 있는 단일 계파인지 몰라도, 모든 것을 자기 방식대로 할 수는 없었다. DS는 결코

---

*　산디니스타민족해방전선(Sandinista national Liberation Front)이 소모사(Anastasio Somoza Debayle) 독재 정권을 무너뜨리고 혁명정부를 세운 것을 말한다. 산디니스타민족해방전선은 민주적 사회주의 정당으로, 사회주의 경제체제 아래 생산수단의 사회적 소유를 통한 정치적 민주주의를 지향한다. 1930년대 미국의 점령에 반대해 니카라과 저항운동을 이끈 산디노(Sandino)에서 따온 이름으로, 이 정당의 당원을 '산디니스타스(Sandinitas)'라고 부른다. 1979~1990년 산디니스타민족해방전선이 니카라과를 통치했다. 2006년 니카라과 대통령 선거에서 산디니스타민족해방전선의 다니엘 오르테가(Daniel Ortega) 후보가 당선했으며, 2011년 재선에 성공했다.

자발적 다수를 갖지 못했다. 포르투알레그리의 PT는 우파가 강력하지 않았지만, DS는 좌파의 일부 계파나 타르수 젠후계와 같은 중도파와 정치 지형을 공유해야 했다. 이들은 모두 참여민주주의에 대한 접근법이 조금씩 달랐다. DS 내부에서도 모든 면에 합의된 것은 아니었다.

_ PT의 통치 방식에 대한 차이

포르투알레그리에서 PB를 만들어내고 이 도시를 'PT의 통치 방식'의 기준으로 만든 것은 PT와 폭넓은 사회운동 내부에 존재하는 특별한 혼합 성분이다.

대다수 사람들은 1990년대 내내 'PT의 통치 방식'을 사회적 우선순위 변경과 대중 참여라는 단순한 조합으로 규정했다. 당의 모든 계파가 이 두 가지 특성을 대체로 인정했다. 내포된 의미를 따져보면, 바로 그 때문에 포르투알레그리에서 시작된 PB가 지방정부뿐만 아니라 결국 중앙정부를 위한 PT 프로젝트의 핵심이 되었다. PB의 성과라고 주장할 수 있는 두 가지는 세출 우선순위를 극빈 지역을 위해 재편성한 것, 공공사업 관리에 주민의 적극적 참여를 촉진한 것이다.

하지만 방식은 시작부터 애매모호했다. 당 지도부는 대부분 DS의 방식을 수용하지 않았다. 포르투알레그리에서도 중도적인 방식이 공존했다.[10] 포르투알레그리 외에 PT 행정부가 PB를 시행한 대다수 도시에서는 중도적인 방식이 더 노골화되었다. 지방정부가 PT에 속하지 않는 브라질의 다른 지역이나 해외에서는 DS 방식과 차이가 훨씬 더 컸다. 포르투알레그리 시의 지역사회 관계 조정 부서를 책임지는 아시스 브라질 올레가리우 필류Assis Brasil Olegario Filho 는 이런 상황을 다음과 같이 설명했다.

우리가 말하는 PB가 어떤 것인지 자신에게 물어야 합니다. 사회주의에 다양한 유형이 있는 것처럼, 오늘날 세계은행도 PB를 추천할 수 있어요. 그것이 우리가 바라는 PB일까요? 아르헨티나에서 페르난도 데 라 루아 Fernando de la Rua 대통령[11]을 선출한 급진시민조합은 PB를 배우기 위해 수차례 우리를 방문했고, 우리와 똑같이 하겠다고 말했습니다. 프랑스 사회당은 이곳에서 열린 WSF에 참석했고, 프랑스에서 PB를 시행하겠다고 했습니다. 하지만 세계은행이 PB를 찬성하는 이유는 PB가 제공하는 투명성을 선호하기 때문입니다. 재정 지원 기구인 세계은행은 자금이 승인받은 목적대로 사용되고, 누구의 주머니로 빼돌려지지 않는지 알고 싶어 합니다.
　이런 논쟁은 PT에서 터놓고 해본 적이 없습니다. 더 뛰어난 투명성, 더 효율적인 투자, 이에 덧붙인 약간의 사회정의가 PB의 전부라고 생각하는 계파 때문입니다. 그들은 여기서 한 발짝도 나아가지 않습니다. 또 다른 부류는 사회정의 촉진과 강력한 시민 의식 고취를 강조합니다. 이런 점은 분명 중요하지만, PB는 그 이상이어야 합니다. 예를 들어 상파울루의 산업 교외 지역 중 하나인 산투안드레에도 PB가 있습니다. 하지만 포르투알레그리와 달리 그곳의 PB 평의회 의원은 절반이 정부 출신이고, 절반이 주민이에요. 그곳에서는 정부 출신 평의원도 투표권이 있습니다. 이는 더 진보된 민주주의를 가로막는 분명한 한계입니다. 반면에 우리의 전통은 PB를 파열의 요소로, 다른 형태의 국가를 향한 발걸음으로, 사회를 움직이는 새로운 방법으로 주목합니다. PB는 자율적 사회주의라는 우리의 실천적 비전입니다. 이것이 지금 존재한다고 말하지는 않겠습니다. 그러나 이런 방향으로 향하는 요소가 있어요.

지금 우리에게 필요한 논쟁은 PB가 나아갈 방향에 관한 것입니다. 좌파가 어떤 사회주의를 세우기 원하느냐에 대한 논의는 PB가 어디로 향하느냐 대한 논쟁을 거쳐야 하기 때문입니다.

_ PT 내의 신자유주의

1990년대 말, PT 핵심 지도부에게는 'PT의 통치 방식'에 모호성을 수용할 공간이 아직 모자란다는 것이 분명해졌다. 산투안드레와 당시 이곳의 시장 셀수 다니엘Celso Daniel이 좋은 예다.

다니엘은 포르투알레그리가 포함된 PT 지방정부의 첫 번째 물결을 타고 1989년에 최초로 상파울루 주요 산업도시의 시장이 되었다. 그는 1997년부터 2000년까지 두 번째 임기를 지냈으며, 세 번째 임기를 시작한 2001년 말 납치 후 살해되었다.[12] 납치와 살해 원인은 미제로 남았다. 재임 시절 그가 도입하려던 PB는 언뜻 보기에 포르투알레그리 경험의 판박이 같지만, 중요한 차이점이 있다. 아시스 브라질이 지적하듯이, 산투안드레의 PB 평의회는 그 조직 구성에서 시장이 지명하는 시청 공무원 대표가 절반을 차지했다. 공무원 대표들은 투표권도 있어서 주요 의견 차이가 있을 경우, PB 주재 위원회가 내세우는 3분의 2 다수결 원칙에 따라 거부권을 효과적으로 행사할 수 있었다.

사소해 보이는 이런 체질적 차이 이면에는 뚜렷이 구별되는 철학이 있었다. 산투안드레식 PB는 하울 폰트가 이 책 여러 곳에서 주장하듯이, 주민에게 주권을 대량 이양하는 것을 결코 상상하지 못했다. 그 방식은 PB를 시와 시민사회의 '대화'와 '권력 분담' 정도로 보았다. 그 방식의 목적은 지방정부의 업무에 주민을 '참여시키는 것'이지, 주민에게 통제권을 건네는 것이 아니었다.

다니엘은 산투안드레 이외 지역에서도 상당히 중요한 인물이었다. 룰라와 PT 지도부는 그를 행정가와 지식인 양면에서 높이 평가했으며, 2002년 대통령 선거운동을 앞두고 그에게 PT의 통치 강령 작성을 총괄하는 역할을 맡겼다. 다니엘은 이런 역량 때문에 이 중요한 시기에 PT의 정치적 발전의 중심에 있었다. 그가 살아 있었다면 PT 정부의 인수인계 업무를 관장하고, 아마도 룰라 정부의 재무 장관을 맡았을 것이다. 결국 두 자리 모두 상파울루 주의 다른 도시인 히베이랑프레투Ribeirão Preto의 PT 시장 안토니우 팔로치에게 돌아갔는데, 그는 시장 주도적 경제 우선주의 방향으로 훨씬 더 발 빠르게 움직인 인물이다.

룰라 선거 3년 전이던 1999년, 다니엘은 'PT의 통치 방법'에 관해 PT 출판부에서 출간한 《Governo e Cidadania 거버넌스와 시민의식》[13]에 기조 기고문을 실었다. 다니엘이 쓴 〈Local Management on the Threshold of a New Millennium 새 천년 문턱에서 본 지방 관리〉는 PT 지도부와 정책 입안자들이 나아갈 방향을 제시하는 매혹적인 맛보기다.

이 글은 2001년 12월 PT 전당대회 당시 채택한 통치강령안내지침과 매우 흡사한 관점에서, 당이 오랫동안 전념해온 신자유주의 경제모델과 단절 혹은 '신자유주의의 장황한 주장에 대한 사상 투쟁'을 재천명한다. 그리고 PT의 통치 방식을 사회적 우선순위의 변경과 대중 참여의 조합으로 보는 전통적 견해로는 충분하지 않다고 주장하는 데 많은 에너지를 바친다. 그 대신 사회적 우선순위의 변경과 대중 참여를 모두 유지하면서 '공공과 민간의 새로운 관계'라는 맥락 속에 재배치하려 한다.

이는 예컨대 브라질에서 흔히 '주변부'라고 부르는 빈민 지역의 기본 서비스(상하수도, 도로포장)를 개선해 도시 기반 시설의 거대한 불균형을 바로잡는 데만 집중하지 않는 것을 의미한다. 다니엘은 PT 행정부가 주변부를 위한 투자와 '시 중심부'를 위한 대규모 발전 사업을 결합해야 모든 거주자의 삶의 질이 개선될 수 있다고 말한다. 그리고 소득과 일자리 창출 프로그램을 병행해 전체 시의 경제적 발전을 증진해야 한다고 제안한다. 중심부와 주변부의 거짓 대립을 극복해야 한다는 주장이다.

이는 의미심장한 출발처럼 보이지 않을 수도 있다. 하지만 다니엘이 1990년대 초부터 이어진 대중 참여라는 PT 행정부의 유산을 '행정의 현대화'라는 새로운 의제로 시급히 보완해야 한다는 주장을 펼칠 때 그의 취지는 분명해진다. 이는 다니엘이 곧 밝히듯이, 지방정부의 축소를 의미한다. 지방정부 공무원의 보수와 연금에 대한 지출은 PB의 핵심인 투자 역량을 보존하기 위해 삭감되어야 할지 모른다. 동시에 PB 같은 집단적인 참여와 통제 구조는 '개인적인' 참여와 통제 구조로 보완되어야 한다. 다니엘은 옴부즈맨제도를 통해 개별 시민의 조사와 구제를 허용하는, 효율적인 현대적 신고 제도를 제안한다.

더욱이 다니엘은 많은 지방 사무가 주정부의 손에 달려 있어야할 특별한 까닭이 없다고 말한다. 교육과 보건은 괜찮지만, 예를 들어 교통은 분명히 민간 부문에 이양될 수 있다. 그가 살해되기 직전에 발전시킨 이 새로운 비전은 공공서비스 공급자가 공공이든 민간이든, 공적 통제 혹은 공적 감시가 필요하다는 점이 중요하다.

_ 극심한 모호성

이 새로운 제안은 PT의 논쟁에 등장하는 오랜 모호성을 새로운 극단으로 몰아간다. 민간 영역에 대한 공적(혹은 대중) 통제라는 사고는 매우 급진적 의미로 해석될 수 있다. 전통 마르크스주의 이론에서 노동자의 지배라는 개념이 이런 의미다. 이 책 마지막 장에서 주앙 마샤두는 정치 부문의 PB에 대응하는 경제 부문의 상대로 MST가 시작한 생산 협동조합을 지목하고, '협동과 연대의 경제'라는 아이디어를 비슷한 방향으로 전개한다.

하지만 다니엘의 제안이 오른쪽으로 기운 것은 토니 블레어Tony Blair의 '제3의 길'이 자유 시장을 사회적 시장이라고 옹호해 큰 반향을 일으킨 탓에 쉽게 이해할 수 있다. 우리는 조만간 PT의 과제 중심에 신자유주의의 핵심 원리를 도입하려는 움직임을 볼 것 같다.

21세기 들어 수년이 지날 때까지 이처럼 사뭇 다른 정치적 명제를 PT 내에서 동일한 언어로 표현하고 PB를 평가의 기준으로 삼을 수 있다는 사실은, 2003년 1월 이후 룰라 대통령 임기 초기에 어째서 그처럼 엄청난 긴장과 갖가지 해석이 동반되었는지 설명하는 데 도움이 된다.

극심한 모호성은 일부 좌파가 어떻게 포르투알레그리의 PB를 정교한 신용 사기로 치부할 수 있었는지 설명하는 데도 도움이 된다. 예를 들어 주앙 페냐João Penha는 PB가 빈민 스스로 임금과 서비스를 삭감하게 만드는 세계은행식 책략과 다름없다고 주장한다.[14] 마찬가지로 그는 PB를 본질적으로 브라질의 외채 지불에 필요한 흑자를 보장하는 한 가지 방편으로 이해한다. 이 책의 남은 글은 이론이 됐든 실천이 됐든 포르투알레그리 PB를 페냐가 서술한 대로 인정하기 어렵다는 사실을 분명히 밝힐 것이다. 하지만 모호성의 양극단 중 한쪽에는 형태가 다른 일부 PB를 포함해서, 페냐의 설명과 더 가까운 PT의 이론과 실천 영역이 있을지 모른다.

_ 세계정의운동의 논쟁

PB에 대한 논쟁은 좌파와 세계정의운동이 직면한 광범위한 모호성과 적어도 두 가지 면에서 관련이 있다. 우선 2003년에 새 브라질 정부가 당면한 도전은 분명 시애틀 이후 세계정의운동이 논의하고 알려온 여러 문제가 실질적으로 표출된 것이다. 즉 부채와 자유무역, 유전자변형농산물GMO, 식량 안보, 온갖 익숙한 문제를 어떻게 해결할까 하는 과제였다. 하울 폰트가 앞에서 언급했듯이 룰라가 신자유주의 모델과 단절하느냐 못 하느냐, 그 단절을 성취하기 위해 참여민주주의라는 수단에 의지하느냐 마느냐는 PT에게 닥친 시험이었다. 포르투알레그리를 상징적 수도로 정한 WSF의 전 세계 운동에 닥친 시험이기도 했다.[15]

이는 결국 세계정의운동의 오랜 특징이자 PB의 특징이기도 한 개념적·전략적 모호성을 드러낸다. 이런 모호성은 어떤 의미에서 세계정의운동의 강점이며, 그 폭넓음과 다양성의 조건이었다. 하지만 룰라 정부의 경험은 그 모호성이 거대한 취약성의 원천이 될 수도 있음을 암시한다. 처음에 말했듯이 이런 모호성은 시애틀 이전으로 거슬러 올라간다. 브라질리아에서 적어도 PT 집권 초기의 경험은 그 모호성을 다루는 것이 세계정의운동 전체의 시급한 과제임을 보여준다.

PB 하면 떠오르는 개념으로 '공동체' '참여' '권한 분산'이 있다. '수평적' '대화' '분권화' 같은 개념도 있다. 이런 개념이 지나온 수십 년의 역사를 보면 PB가 어떻게 그 다양한 영역을 아우를 수 있었는지 이해하는 데 도움이 된다.

이런 용어는 1970년대와 1980년대 초반까지 좌파, 특히 선진국과 개발도상국의 비정부 조직과 사회운동 단체 사이에서 널리 통용되었다. 이런 용어는 종종 '계급' '노동자의 지배' '해방' '프롤레타리아 민주주의' 같은 고전 마르크스주의 개념의 준동의어로 사용되었다. 선진국에서는 엄격한 이념적 제약 탓에 '공동체'라는 말이 덜 당혹스러웠다. 고문과 실종이 만연한 라틴아메리카와 다른 지역에서는 더 무방한 표현이었다.

이런 언어는 브라질의 교육학자 파울루 프레리Paulo Freire와 그의 영향을 받은 이들에게서 많은 부분 비롯되었다.[16] 프레리와 그 추종자들이 발전시킨 수평적 조직이나 소통에 관한 이론과 실천은 철학적 이유로 마르크스주의 정통의 언어를 그대로 채택하지 않은 해방신학의 언어와 중복되었다. 그들의 유산은 풀뿌리 교회 공동체운동을 통해 PT 창당과 포르투알레그리의 조밀한 주민 조직망에서 중요한 부분을 차지했다. PT와 주민 조직망은 1989년에 PB를 탄생시킨 두 가지 힘이다.

1989년은 소비에트 진영의 붕괴에 대응하는 개념적 붕괴 과정이 뚜렷해진 해이기도 하다. 스탈린식 정치의 오랜 쇠퇴 경향은 수년간 속도를 높이는 상황이었다. 후기 알튀세르*식 마르크스주의는 후기모더니즘으로 변했고, 그 과정에서 반대 방향으로 나가는 다양한 진보주의와 우파 자유주의 계파를 접했다. 장벽이 무너졌을 때 그들 계파는 공동체, 분권화, 참여 같은 주제를 공통의 중심 사상으로 받아들였다.

---

* 알튀세르(Louis Pierre Althusser)는 20세기 프랑스의 마르크스주의 철학자다. 그는 초기 마르크스의 소외론, 인간주의와 후기 마르크스의 역사 유물론 사이에 인식론적 단절이 존재한다고 봤으며, 반인간주의와 반경제주의, 반경험주의, 반주체주의를 주장했다.

라틴아메리카 각지에서는 포드재단과 세계은행 같은 기구들이 지역 민주주의와 시민사회를 강화하는 사업에 돈을 쏟아붓기 시작했는데, 많은 사업이 옛 혁명가들의 손에 운영되었다. 선진국 대학에서는 후기모더니스트들이 제3세계의 '종속'을 다루는 이론을 비판했다. 종속이론은 브라질의 손꼽히는 마르크스주의 사회학자 페르난두 엔히크 카르도주Fernando Henrique Cardoso가 발전시킨 것으로 유명하지만, 그는 수십 년 뒤 브라질의 가장 일관된 신자유주의자 대통령이 되었다. '제국주의'라는 말은 오랫동안 금기시되었다. 예를 들어 영국 남부에 위치한 서섹스대학교University of Sussex의 권위 있는 발전학연구소는 유럽 일부 수도의 발전 사안에 관한 새로운 중도적 사고와 긴밀히 연결되면서 '참여적 지방 평가제'에 매료되었다.[17] 이 '패러다임 전환'은 지방 차원에서, 특히 제3세계 지방 공동체 차원에서 민주적 참여를 급진적으로 확대하는 것과 거시경제 체제를 무비판적으로 수용하는 것을 결합시켰다. 이제 해방이라는 단어는 학술과 정책 전 분야에서 국가의 신자유주의적 역행을 정당화하는 데 사용된다.

_ 새로운 해방의 언어

참여라는 어휘를 정반대 의미로 사용하는 이 두 용법은 PB의 상충하는 두 가지 비전에 거의 부합한다.

1990년대 말 제3의 요소가 등장했다. 세계정의운동이 국제적으로 부상하자, 동일한 '수평적' 개념을 자기 식으로 사용하는 새롭고 급진적이며 자유주의적인 흐름이 나타난 것이다. 이 자유주의적 흐름은 그 장단점이 무엇이든 한 세대 이상 어떤 정치 운동보다 좌파의 사상과 자신감을 되살리는 데 기여했다.

출발점은 1994년 멕시코 치아파스Chiapas 주의 사파티스타민족해방군Zapatista National Liberation Army의 봉기다. 사파티스타민족해방군은 권력 장악을 원하지 않고, 단지 사람들에게 스스로 힘을 기를 수 있는 공간을 열어주고 싶다고 주장했다. 그 뒤로 이 주제는 끝없이 변형을 거듭한다. 구식 아나키즘의 재탄생, 유럽 내 새로운 자치 운동의 출현, 안토니오 네그리Antonio Negri와 마이클 하트Michael Hardt의 '다중multitude', 라틴아메리카와 개발도상국에서 눈에 띄게 증가한 원주민 운동, 각종 '정체성' 정치 등이 여기에 해당한다.

운동의 성격이 국제적인 까닭에 변화의 범위도 국제적이었다. 예를 들면 인도 뭄바이Mumbai가 일시적으로 포르투알레그리에 이어 WSF의 새 개최지로 선정되었을 때다. 관심의 대상은 케랄라Kerala 주에서 공산당이 주도하고 고무한 체험으로 상징되는 초기의 지역 민주주의에서 우타라칸드Uttarakhand 주의 쟈브 판차야트Jaiv Panchayats 혹은 살아 있는 민주주의Living Democracy 운동*으로

---

* 1999년 세계환경의날에 인도의 종자 보호자와 유기농 생산자 네트워크 나브다냐(Navdanya)가 쟈브 판차야트를 이끌었다. 쟈브 판차야트는 생존에 대한 생물권 침해와 지적 재산권 독점에 맞서 싸우는 인도의 '살아 있는 민주주의 운동'으로 불린다. 이 운동은 생물 다양성을 추구하면서, 모든 삶의 민주주의와 일상생활의 민주주의를 지향한다. 나브다냐는 인도에서 122개 지역사회에 종자 은행을 설립하고, 지난 20년간 종자 주권과 식량 주권, 지속 가능한 농업에 대해 농민 501만 명을 교육했다.

대표되는 '지방화localization'로 옮아간 듯 보였다. 우타라칸드 주는 국제 특허, 유전자 변형 종자, 수출 주도 단일 재배에서 지역의 생물 다양성을 보호하기 위한 노력으로 전통적 형태의 마을 정부를 혁신하고 민주화했다.[18]

포르투알레그리 PB와 더 직접적 관련이 있는 것은 2001년 12월 아르헨티나에서 페르난도 데 라 루아를 타도한 봉기 이후의 경험이다. 당시 새로운 자유주의적 좌파 진영과 정통 마르크스주의자에게 등장한 놀랍도록 광범위하고 강도 높은 자기 조직화는 국가와 일정한 거리를 둔 모습이 포르투알레그리의 PB보다 훨씬 독립적인 직접민주주의처럼 보였다. 일부에서는 그 둘을 노골적으로 대치시키기도 했다. 아르헨티나에서 그런 자발적 분출이 일어났어도 그것을 토대로 지속적인 정치적 결과물을 전혀 내놓지 못하는 좌파의 극단적인 무능력이 드러나자, 자유주의와 정통 마르크스주의 진영의 가장 민감한 대표자들 사이에서 새로운 자기분석이 시작되었다.[19]

이 주제를 충분히 논의하려면 이 책의 범주에서 벗어나지 않을 수 없겠지만, 주의할 가치가 있다. 그에 따른 이득은 이론과 실천 양면에 있다. 포르투알레그리의 PB, 부에노스아이레스의 대중 국회, 치아파스의 사파티스타 자치정부로 대표되는 직접민주주의의 경험에는 정확히 어떤 유사점과 차이점이 있을까?

이런 관점에서 재조명하면 PB는 다양한 흐름의 교차점 위에 있는 것으로 보인다. 포르투알레그리 PB의 급진적 변종은 국가의 문제와 신뢰할 만한 대안 확립의 방법에 관한 한, 자유주의 전통과

정통주의 전통에 모두 관련되었다. 심지어 전통적 마르크스주의의 목표와 세계정의운동을 강하게 지배하는 신-사파티스타적 사고를 통합할 가능성까지 내비친다. 또 한 가지 분명한 것은 주앙 마샤두가 이 책 마지막 장에서 주장하듯, 이런 전략적 이슈에 지속적으로 대응하지 않으면 PB는 참여민주주의의 신자유주의적 변종에 끊임없이 시달릴 위험이 있다는 사실이다.

2.

첫걸음부터
마지막 전략까지

이안 브루스

포르투알레그리의 PB에 직접 관여한 사람들은 이 제도가 개방적 과정이며 진행 중인 과제라고 끊임없이 말한다. 그 과정이 1989년부터 어떻게 발전해왔는지 그들의 시각에서 들여다보면, 현재 그것이 어디에 있고 미래에 어디로 나아갈지 분명히 알수 있다. 다음 설명은 포르투알레그리 시와 히우그란지두술 주에 있는 PB의 주요 기획자, 전문가들과 나눈 폭넓은 대담에서 가져온 내용이다. 우비라탄 지 소자, 안드레 파수스, 하울 폰트는 기고문을 통해 이 책의 일부 내용을 담당하기도 했다. 1장에 소개한 아시스 브라질은 PB 초창기부터 다른 이들과 긴밀하게 협력해왔다.[1] 그들의 이야기는 그 출발에서 시작된다.

_ 기원

PT가 포르투알레그리 시장 선거운동을 한 1988년 봄, PB에 대한 언급은 강령에 나오지 않았다. 하울 폰트는 다음과 같이 회상했다.

우리는 PB가 어떤 것인지 잘 몰랐습니다. 브라질에서는 그런 것을 실제로 해본 경험이 없었기 때문에 PB는 이론에 불과했습니다. 하지만 우리의 강령은 주민평의회를 통해 주민이 참여하고, 주민과 함께 통치하기 바란다고 밝혔습니다.

이는 물론 관련된 많은 사람들의 마르크스주의적 배경을 반영한 것이었다. PT 당원과 PCB 출신 동맹자들은 파리코뮌의 노동자 평의회나 러시아혁명 초기의 소비에트를 참고했다. 그들의 목표는 사회주의적 강령의 일반적 원리를 지역의 현실에 옮기는 것이었다.

사실 브라질 어디에서도 1989~1990년 포르투알레그리에서 나타난 PB와 비슷한 경험을 해보지 못했다. 폰트는 그보다 10여 년 전, 군부독재 시절에 유일한 합법적 야당이던 브라질민주운동 Brazilian Democratic Movement, MDB에서 사회주의 정파Socialist Tendency 형성에 참여했다. 그는 다른 지역에서 MDB가 집권한 지방정부 한두 곳이 대중의 요구에 귀 기울이기 위해 참여의 방식을 실험한 것을 기억한다. '군부독재 이래 그것은 분명 진전이었다. 그러나 충분하지 못했다.'

포르투알레그리에는 지역주민생활조직을 통한 공동체 조직의 뿌리 깊은 역사가 존재한다. 프롤로그에서 언급한 글로리아 같은 도시의 일부 지역에서는 이미 주민 조직이 스스로 이름 붙인 '주민 평의회'에 모여 경험을 공유하고, 공동으로 투쟁을 벌였다. 이런 공동체운동은 1970년대의 반군부독재 투쟁이나 1983년과 1984년의 직접선거에서 중요한 역할을 했다. 공동체운동은 1980년대 중반에 대다수 조직을 결합해 포르투알레그리지역주민생활조직연합Union of Neighbourhood Associations of Porto Alegre, UAMPA을 출범시켰다. UAMPA는 PT와 연결된 선명한 좌파 지도부가 이끌었고, 다른 좌파 정당의 당원과 동조자 그리고 구 포퓰리즘 전통 출신의 사람들이 포함되었다.[2]

1980년대 말에 공동체운동을 불러일으킨 가장 중요한 투쟁으로 더 나은 서비스와 저렴한 요금을 요구하는 대중교통 개선 투쟁이 있다. 대중교통 개선 투쟁은 주거·기본 위생 시설을 위한 투쟁과 함께 도시 빈민 지역의 자발적 표출로 공동체운동을 강화했다. 당시 포퓰리스트 시장[3]은 투쟁에서 탄생한 주민평의회를 지방정부와 결부하는 법안을 발의하려고 노력했다. 이렇게 운동의 자치권을 옹호하기 위한 투쟁의 경험이 있었다.

공동체운동이 출현하는 데 영향을 미친 또 다른 원인은 1970년대 말과 1980년대 내내 농촌에서 도시로 이어진 거대한 이주 물결이다. 그 결과 포르투알레그리 주변부에 어느 때보다 인구가 집중되면서 공공서비스가 턱없이 부족했다. 도시 기반 시설이 충분하지 않았고, 의료 시설과 학교도 없었다. 군부독재 시절에는 정권이 주도의 시장을 임명했으므로, 공공서비스를 확보하려면 주민이 거리에 나서는 수밖에 없었다. 우비라탄 지 소자는 당시 공동체운동이 거리에 바리케이드를 치고 제대로 된 도로포장을 요구한 것을 기억했다.

PT와 대중단체 연합이 1988년 11월 선거에서 올리비우 두트라를 시장에 당선시켰을 때, 공동체운동은 즉각적인 결과를 기대했다. 좌파 정부가 들어섰으니 포르투알레그리 주변부에 적절한 공공서비스를 제공해달라는 지난 20년간 계속된 요구가 곧 충족되리라고 여긴 것이다. 하지만 교착 상태는 일찍 찾아왔다. 통치 기간 내내 임금을 줄여온 퇴임 지방정부는 집무가 끝나는 마지막 달인 1988년 12월, 갑자기 의회 직원들의 급료를 110퍼센트 인상했다. 이는 의회가 이듬해에 사용할 회계 예산 중 98퍼센트를 인건비로 쓰는 것이었다. 임기 말의 그 행정부는 브라질에서 지방정부의 가장 중요한 지역 재원인 토지세와 건물세를 체납한 사람들의 사면도 승인했다. 이에 특별 인하된 요율로 체납금을 납부하려는 사람들이 긴 줄을 섰다.

새로 들어선 PT 행정부는 세입을 늘리는 것은 고사하고 유지하기도 힘들어졌다. 동시에 빈민 지역에 더 많은 서비스를 요구하는 공동체운동의 압박까지 들어오자, 두트라 지방정부는 의회 예산을 공개하고 주민의 검토를 받기로 결정했다. 의회의 종전 수입과 집행 상황을 고려할 때, 새 서비스에 대한 투자가 불가능함을 보여주려고 한 것이다.

현재 포르투알레그리 PB 조정관인 안드레 파수스는 당시 10대였음에도 PT의 활동적인 당원이었다. 그는 이 특이한 상황에서 모든 것이 시작되었다고 말한다. 새 정부가 직면한 재정난, 잘 조직된 주민과 협력하려는 정부의 의지, 주민평의회에 모인 지역주민 생활조직의 존재, 주민의 커다란 기대감, 사회주의적 강령에 대한 포괄적 참고는 일정한 긴장 상황을 만들었고, 그로 인해 정부는 책임질 방법을 찾지 않을 수 없었다. 이것이 PB의 시작이었다.

_ 첫걸음

시작하기 전부터 극복해야 할 문제가 많았다. 브라질의 포퓰리즘 전통은 공동체운동에 여전히 많은 영향을 미쳤다. 특정 지역에서 우대를 약속하고 표를 거래하는 지역 정치인들의 정실주의와 온정주의 관행이 만연했다. 한편으로 시를 중앙, 북부, 동부, 남부(구아이바 호수Guaiba Lake는 포르투알레그리 서쪽에 있다) 4개 지역으로 나누는 지방 행정부의 정책 입안 구조는 관료적이고 비민주적이었다. 기술 관료들이 진행 과정을 철저히 장악했으며, 주민 참여는 미미한 상황이었다.

PB는 4개 지역을 기초로 한 시 예산의 연례 토론을 위한 제안으로 시작되었다. 문제는 '주민평의회가 정확히 무엇을 논의해야 하는가?'였다. 하울 폰트가 회상하기에 당시 선택의 여지는 그리 많지 않았다.

재원이 없었기 때문에 이듬해 중반까지 우리가 실제로 논의할 수 있는 것은 일부 서비스 제공을 개선하는 일뿐이었습니다. 쓰레기 수거가 한 예입니다. 가장 기본적인 서비스인 쓰레기 수거조차 되지 않는 빈민 지역이 있었어요. 전임 행정부는 빈민 지역을 그대로 방치했죠. 어떤 지역은 가로등이 거의 없었습니다. 시청은 이런 지역에 작업자와 장비가 있어서 서비스를 개선하고 확대하기가 상대적으로 쉬웠어요. 하지만 그런 투자조차 세금 개혁을 통해 2년 만에야 시작되었습니다.

브라질의 자치정부는 오랫동안 연방정부와 주정부가 주는 교부금에 크게 의존해왔다.

그러나 군부 통치 이후 1차로 개정된 브라질의 1988년 헌법과 히우그란지두술 주 헌법에 따라 자치정부는 자체 세율을 올릴 수 있는 여지가 커졌고, 국세도 더 많이 분배되었다. 그 결과 자치정부의 총 세입 비중이 11~12퍼센트에서 16~17퍼센트까지 올랐다. 두트라 시장의 첫 PT 행정부는 이런 변화를 활용해 일련의 세제 개혁을 도입했다. 가장 중요한 개혁은 기본 토지세와 건물세를 뜯어고친 것이다. 많이 가진 사람일수록 많이 내야 한다는 단순한 원칙에 따라 종전의 단일 과세 등급을 훨씬 더 광범위하고 누진적으로 바꿨다.

그와 동시에 온정주의와 포퓰리즘 구조에 대항하기 위한 방법으로, 행정부는 직접 참여의 원칙을 공동체에 제안했다. 이는 1인 1표를 의미했다. 아무도 다른 사람을 대신하지 못했고, 협회 대표라고 해서 투표권을 여러 차례 행사하지 못했으며, 아무도 공동체

단체나 노동조합 혹은 유사 단체를 대표하지 못했다.

주민이 첫해에 가장 우선적으로 요구한 사항은 지방분권* 확대다. 공동체운동은 더 민주적이고 실질적인 토론과 더 많은 주민의 참여를 위해 종전 4개 지역을 16개 지역으로 나누자고 제안했다. 1990년 첫 예산은 시에서 쓸 수 있는 매우 한정된 재원을 가장 가난한 4개 지역에 집중 투입했다. 그러는 사이에 공동체운동과 PT 행정부는 주민이 모여 특정 마을을 청소하는 주말 자원봉사 활동인 '동호회mutiroes'를 조직했다.

1990년이 지난 뒤에는 토지세와 건물세의 개혁과 탈세 단속에 따른 재원 증가로, 16개 지역 전체에 대한 투자와 서비스가 가능해졌다. 그 과정에서 재원을 지역별로 분배하는 방법을 놓고 세 가지 기본 기준에 합의했고, 그 뒤로 계속 시행 중이다. 합의한 기준은 다음과 같다. (1) 해당 지역에서 PB가 채택한 우선순위 (2) 해당 지역에서 기본 인프라와 서비스가 부족한 정도 (3) 서비스를 공급받아야 하는 인구의 규모.

하울 폰트에 따르면 예산 토론의 결실이 보이자(예컨대 도로포장에 대한 투자가 실제로 이루어지는 등 현장에서 결과가 나타나자), PB에 대한 지지는 들불처럼 번졌다.

---

* decentralization은 지방분권으로 번역했다. 이 단어는 '탈중앙화'나 '분권화'로 번역할 수 있지만, 국내에서는 일반적으로 '지방분권화' '지방분권'이라 한다.

_ 성과와 장애

포르투알레그리는 섬이 아니다

PB의 성과를 말하기 전에, 공동체 리더 주제 브리졸라가 이 책 프롤로그에서 한 말을 떠올려볼 필요가 있다. 포르투알레그리는 섬이 아니다. 포르투알레그리는 1990년대와 2000년대 초반 브라질의 현실에서 결코 벗어난 적이 없다. 이 기간의 가장 중요한 특징은 신자유주의적 세계화, 외채 급증, 브라질리아의 중앙정부가 워싱턴의 다국적 금융기관의 지도에 따라 시행한 민영화와 규제 철폐 정책의 영향이다.

　수치가 보여주는 바는 자명하다. 브라질은 오랫동안 지구상에서 불평등한 국가 중 하나였다. 기준을 약간 달리 적용한 연구 결과에 따르면, 전 세계 소득 불균형 순위에서 브라질은 2위, 3위 혹은 4위로, 시에라리온과 파라과이 다음이다. 포르투알레그리 시와 히우그란지두술 주는 브라질의 다른 지역에 비해 상대적으로 더 풍족할지 모르나, 자치정부의 연구에 따르면 포르투알레그리 대도시권의 불평등은 1981~1985년과 1995~1999년에 16.4퍼센트 증가했다. 실업은 같은 기간에 78.4퍼센트나 치솟았다. 10~14세 아동노동은 11퍼센트 증가했다. 빈곤층으로 분류된 인구 비율은 19.8퍼센트가 늘었다. 전체적으로 빈곤 지수는 100퍼센트나 올라갔다.[4] 브라질의 다른 주요 도시처럼 마약 거래와 연루된 도시 폭력은 전례 없는 수준에 도달했다.

　실업과 빈곤, 폭력 지수의 증가는 연방정부가 종전에도 최소한으로 투입한 사회 분야에서 발을 빼버린 것이 한 가지 원인이다. 연방정부는 폰트 시장이 재임 중이던 포르투알레그리의 3기 PT 행정부 시절(1997~2000년), 브라질 전역에 걸쳐 서민주택 정책에 대한 지출을 없애버렸다. 같은 해인 1998년 위생 시설 관련 지출을 종전의 4분의 1 미만 수준으로 삭감했으며, 남은 자금은 상하수도 서비스의 민영화에 대부분 투입했다. 사회복지를 담당하는 연방 부서는 아예 사라졌다.

나라가 포기한 많은 책임을 지방정부가 떠맡은 그때, 연방정부는 오히려 자치정부에 돌아가는 국세 세입의 몫을 또 한 번 줄이는 일련의 조치를 단행했다. 지방의 몫은 최고 18퍼센트에서 약 14퍼센트로 다시 떨어졌다.

포르투알레그리 PT 행정부와 PB의 성과는 바로 이런 시대적 배경을 염두에 두고 판단해야 한다. 그 성과는 구체적인 사회 개선, 대중 동원 수준, 주와 수립한 새로운 정치적 관계로 분류할 수 있다.

사회적 우선순위의 변경

이 성과는 실질적 개혁이라는 측면에서 봐도 중요하다. 포르투알레그리의 PB가 'PT의 통치 방식'을 떠받치는 두 기둥의 기준이 된 것은 우연이 아니다. 즉 PB는 주민 참여를 확대했고, 지방정부의 사회적 우선순위를 급진적으로 바꿔놓았다.

PB는 첫해에 재원이 거의 없는 상황에서 가장 가난한 지역에 모든 노력을 집중했다. 1991년 예산에서는 '가장 필요'로 분류된 5개 지역에 재원 70퍼센트가 투입되었다. 나머지 11개 지역에는 30퍼센트가 돌아갔다. 이듬해에는 '각각의 필요에 따라'라는 이 원칙이 PB에서 채택한 일련의 기준에 포함되어 규정집에 수록되었다(이 책 2부 참고).

PB 관계자들은 이 결과를 '선순환'이라고 부른다. 가장 궁핍한 주민이 PB 토론과 투표에 가장 많이 참여했기에, 그들 동네가 자연스럽게 사업과 서비스에 필요한 새로운 투자를 대부분 얻어냈다. 이는 분명 PT 행정부의 우선순위와 일치하지만, 주요 원동력은 시 당국에서 나온 것이 아니다. 공이 구르기 시작하자 추진력은 저절로 생겨났다. 안드레 파수스와 하울 폰트는 이 책 뒷부분에서 다음과 같은 몇 가지 결과를 인용한다. 이제 인구의 99.5퍼센트가 상수도를, 83퍼센트가 하수도를 이용한다. 놀이방과 포장도로 역시 크게 증가했다.

브라질 전역에서 신자유주의의 압박으로 불평등과 빈곤이 심화되던 전반적 상황을 감안할 때, 이 수치는 충분히 인상적이다. 그러나 이 책의 기고자들에게 중요한 것은 수치가 아니라 논리다.

대중교통을 보자. 포르투알레그리는 공공서비스를 민영화하라는 압박에 맞서 공공 버스 회사를 중심으로 브라질 최고라 일컬을 만한 버스 서비스를 만들었다. 이런 성과는 시 전역의 운송 포럼을 포함한 여러 참여 메커니즘을 통해 달성되었다. 운송 포럼은 지역사회의 필요를 더 잘 살피기 위해 1984년 이후 PB 시스템에 추가된 6개 '주제별 총회' 중 하나다. 각 지역의 PB 토론도 제 역할을 했다. 지방의회는 도로포장과 지역 접근성 개선을 요구해서 포르투알레그리의 대중교통을 통제하는 논리를 바꾸는 데 힘을 보탰다. 종전 대중교통 시스템은 세계 여느 지역과 마찬가지로 자본의 필요를 우선적으로 충족했다. 버스 노선은 주로 도심을 오가며 노동인구를 실어 나르기 위해 편성되었다. 이제는 접근 방법이 개선되어 가장 가난한 사람들의 필요와 희망 사항을 충족하는 노선이 가능해졌다. 버스는 가난한 동네로 더 깊숙이 들어가고 시 전체가 연결되어, 가난한 지역 사람들이 또 다른 가난한 지역에 사는 친구나 가족을 곧바로 방문할 수 있다.

다른 예는 많은 불법 거주 건물을 합법화한 것이다. 지역사회는 지방정부 전문가들이 처음 조언한 것과 반대로 연방헌법의 맹점을 이용해 이 문제에 관한 한 브라질에서 가장 선진적인 지방 법안을 통과시켰다. 이는 위생 시설, 수도와 전기 연결, 다른 기본 서비스를 위한 자금을 확보하는 데 도움이 되었다.

주민 동원

PB는 참여자들의 토론과 결정에 따라 규정이 다시 설정되는데, 그로 인해 더 많은 주민이 참여하고 주민의 필요에도 더 잘 부응했다. 포르투알레그리에서 PB를 시행한 첫해에는 참여자가 900명에 불과했지만, 첫 투자의 결실이 분명하게 드러나기 시작한 1992년에는 5000~6000명으로 증가했다. 주민이 실제로 결과를 볼 수 있고, 그렇지 못하면 설명을 요구할 수 있다는 사실이 더 많은 주민을 동원했다. 참여자 수는 '주제별 총회'가 PB에 추가된 1994년에 1만 5000명 선을 넘었고, 2000년대 초엔 3만 명 이상에 이르렀다.

잘 알려진 것처럼 종전 사회운동과 지역주민생활조직, 노동조합은 PB 때문에 자신들의 조직이 따돌림 받고 약화될 것이라고 우려했다. 현재 시 당국과 지역사회의 관계를 조정하는 부서 책임자인 아시스 브라질은 PCdoB의 경우를 떠올린다.

PCdoB의 동지들과 심지어 PT의 동지들도 지역주민생활조직의 회장이 자동으로 대의원이 되어야 한다고 생각했습니다. 그래선 안 된다고 하면 20년 동안 회장이었다, 15년 동안 회계 담당이었다는 반응이 나왔어요. 우리가 대중조직을 약화하려고 한다는 거죠. 이런 태도가 아직 존재하지만, 이제는 극소수에 불과합니다.

활동가들은 종전의 세력 범위를 지키려고 했을 뿐만 아니라, 보편적 참여와 직접민주주의의 원리가 공동체운동을 고립된 개인으로 흩어지게 만들까 두려워했다. 하지만 PB는 오히려 정반대 효과를 낳았다. 직접 투표로 사업이 결정되니까 정당이나 사회단체에 한 번도 소속된 적이 없는 평범한 시민이 참여했다. 한편으로는 지역사회 조직이 자기 회원을 동원할 수 있는 무대와 인센티브가 제공되니, 그들 역시 PB 집회에 참석하고 자신들의 우선순위에 투표했다.

아시스 브라질은 결과적으로 지역사회 조직의 수가 극적으로 증가했다고 지적한다. 조직의 분포도 균등해졌다. 지역사회 조직은 글로리아처럼 잘 조직된 4~5개 지역에 집중되었고, 크리스탈Cristal 같은 지역이나 도심에는 거의 없었다. 이제는 가장 활동적인 조직이 새로운 정당성을 획득하며, 신생 조직도 많이 등장했다. 손해본 조직은 자신들이 대변한다고 주장한 사람을 전혀 동원할 수 없다는 것이 증명된 유령 운동과 협회뿐이며, 거기에는 본질적으로 우파 정당과 지역 정치인을 위해 일선에서 뛰거나 대기 중인 지역사회 조직이 포함된다.

그런데 PB의 참여자 수는 최근 몇 년간 증가하지 않았다. 시 당국이 자체 집계한 수치는 2002년에 약간 하락했음을 보여준다. 이는 어쩌면 회계상의 문제인지도 모른다. 2002년은 포르투알레그리 PB가 주 차원의 방식을 본받아, 참석자 수를 엄격히 기록하는 두 차례 지역 총회를 한 차례로 대체한 해다. 대신 참석자 수를 기록하지 않는 동네와 거리 차원의 준비 모임에서 많은 토론을 실시했다. 그러나 이는 세르지우 바이에리Sérgio Baierle[5] 등이 제기하는 것처럼 전략상의 문제점일 수도 있다. PB는 한계에 이르지 않으면서, 혹은 지방과 국가의 구조를 깨뜨리지 않으면서 얼마나 오랫동안 발전할 수 있는가? 더 직설적으로 말해, PB는 벌써 활력을 잃었는가? 그렇다면 그것은 피할 수 없는 일인가?

국가와 주민의 새로운 관계

이런 질문에 대한 답은 부분적으로 우리가 PB의 성과로 꼽은 마지막 항목을 어떻게 평가하느냐에 달렸다. 앞에 설명한 동원 방식을 통해 주민과 국가 사이에 새로운 관계를 만드는 능력 말이다.

이 책의 기고자들은 수많은 노동자와 가난한 사람들이 대의민주주의라는 현 체제의 특징인 수동적 권력 위임에 갈수록 환멸을 느끼는 상황에서 PB가 그 대안을 보여주었다고 주장한다. PB는 사람들에게 권력을 일부분이라도 돌려받을 수 있음을 보여주었다. 이처럼 PB는 PT의 많은 이들이 오랫동안 꿈꿔온 사회주의적 민주주의와 놀랍도록 유사한 새로운 민주주의를 지향한다.

폰트는 마르크스주의의 정치적 배경을 갖춘 일부 PT 활동가와 지도자들은 추상적이고 역사적이나마 자주 관리나 노동자 평의회 등에 대해 알았지만, 대다수 주민은 아무런 지식이 없었다고 지적한다. 그럼에도 PB에 참여한 사람들은 대의민주주의에 심오한 비판을 쏟아냈고, 그것을 뛰어넘어야 할 필요성을 강조했다.

폰트는 브라질에서 대의제의 한계가 분명히 나타났다고 말한다. 브라질은 대다수 유럽 국가와 달리 입법부와 행정부의 권력분립이 전부다. 연방 차원의 대통령, 주 차원의 주지사, 자치정부 차원의 시장 등 행정부는 자기 영역에서 사실상 황제의 권력이 있다. 이는 국가 차원이든, 지방 차원이든 브라질의 공공 예산이 단지 권한을 부여하는 지위에 머무른다는 뜻이다. 시장이나 대통령에게 원하면 쓸 수 있다고 알려주지, 어떻게 써야 한다고 알려주지 않는다. 실제로 주민이 어디에 얼마나 지출되는지 예상할 수 있고, 그렇지 않으면 설명을 요구할 수 있는 '계획 예산'은 PB가 도입되기까지 브라질에서 아예 존재하지 않았다. 폰트는 다음과 같이 말한다.

1990년대 초반에 포르투알레그리 시장에게 자신의 예산통제권을 포기한 채 지출이 수반되는 새로운 사업과 서비스를 주민이 직접 결정하도록 권한을 넘겨준다는 것은 대의제, 특히 브라질식 대의제를 완전히 뒤엎는다는 뜻이었습니다.

폰트는 전통적 대의제의 역사는 자본주의 역사와 분리될 수 없으며, 전자는 후자를 유지하기 위한 수단으로 발달되었다고 생각한다. "행정부에서 주민의 직접 참여 쪽으로 주권을 이양하는 구조를 만든다는 것은 의식을 일깨우고 정치적 경험을 쌓게 함으로써 변화에 필요한 바탕을 마련하는 일입니다." 폰트는 이것이 얼마나 멀리 나아갈지 예측하기는 어렵지만, 이런 비전을 공유하는 PT 사람들이 당의 전략 논쟁에서 승리할 수 있는가에 부분적으로 그 결과가 달렸다고 말한다.

포르투알레그리의 PT는 경험이 가장 많으므로 논쟁을 이끌고 이론을 발전시켜야 하는 특별한 책임이 있다. 이런 작업은 여전히 걸음마 단계다. 학계와 다양한 좌파 진영 그리고 직접 관계된 사람들은 대의제에 대한 실제적이고 급진적인 비판을 내놓기 위해 훨씬 더 많은 일을 해야 한다. 이는 민주주의의 중요성을 부정한다는 뜻이 아니라, 더 많은 민주주의에 대한 요구를 바탕으로 대중의 통제권을 늘리고 권력 위임을 줄여 민주주의를 급진적으로 심화·발전시켜야 한다는 주장이다. 여기서 PB는 한 가지 요소일 뿐이다. PB는 자치의회, 보건과 교육을 다루는 브라질 전통의 지역 평의회, 주민 투표의 주기적 활용 같은 다른 도구들과 결합되어야 한다. 또 유럽이나 타 지역의 자주 관리와 노동자 생산 통제 사례를 연구해, 그것이 정치적 영역의 대중 참여와 어떤 연관이 있는지 이해해야 한다. 폰트는 다음과 같이 말한다.

우리는 국가가 아니라 공적 통제라는 경험을 다뤄야 하는 큰 도전에 직면했습니다. PT 내 좌파조차 이런 사고에 저항하는데, 그 이유는 모든 것을 국가가 통제하고 모든 사람이 공직자가 아니면 그것은 곧 자본주의라는 스탈린식 관료주의적 개념이 있기 때문입니다. 이런 사고는 틀렸습니다. 우리가 이런 공적 통제 형식을 과감하게 생각해보지 않는다면, 일부 중요한 면이 더 민주적으로 바뀐다 해도 결국 관료제의 형태로 끝나고 말 것입니다.

그럼에도 PB에서 얻은 긍정적 교훈은 명확하다. PB는 새로운 행정부와 입법부를 지향한다. PB는 실제로 대의제 국가에 존재하는 관료주의와 부패에 맞서 싸우는 것이 가능함을 보여준다. PB는 더 직접적인 민주주의를 향한 길을 열었다.

직접민주주의의 한계는 무엇일까? 권력 위임이 없고, 이양도 없으며, 주권이 전혀 분리되지 않은 루소Jean Jacques Rousseau의 유토피아가 최종 목적지일까? 폰트는 "거기에 가까이 갈수록 더 좋을 것 같다"고 말한다. 하지만 그는 현재 PB의 한계를 염려하기보다 PB를 앞으로 밀고 나가는 데 관심이 많다.

지방 활동의 한계

PB는 포르투알레그리 같은 시에서 이론적 한계에 도달하기 한참 전에, 불행히도 더 구체적인 제약 조건에 부딪힌다. 우비라탄 지 소자가 이 책 3장에 설명하듯, 이런 공적 통제 형식의 중심 원리 중 하나는 PB가 예산의 한 부분이 아니라 전체를 통제해야 한다는 것이다. 이는 주권이 분리될 수 없다는 원리의 표현이다.

그러나 첫 번째 문제는 포르투알레그리 같은 시 정부는 관할권이 제한된다는 점이다. 예를 들어 글로리아 주민이 가난한 사람을 괴롭히는 마약 관련 폭력을 방지하기 위해 거리에 더 많은 경찰관을 배치하도록 시 예산에 투표하는 것은 소용이 없다. 브라질의 법 체계상 자치정부는 치안 유지 권한이 거의 없기 때문이다. 그것은 주정부의 권한에 속한다.

유사한 제약이 자치정부의 책임 아래 있는 영역에서도 나타난다. 예를 들어 포르투알레그리식 PB는 원칙적으로 자치 예산 전체를 결정하고 변경할 권한이 있다. PB 규정집에서는 이 권한을 대중 총회에서 선출된 대표로 구성된 PB 평의회에 부여한다(PB 메커니즘 관련 자세한 설명은 이 책 2부 참고). 이것은 브라질 타 지역의 온건한 PT 행정부가 시행하는 제한된 형태의 PB를 앞선다.

그러나 현실에서는 예산 전반을 논의하지 않는다. 특히 주민 전체가 참여하지 않는다. 열린 대중 총회가 실제로 논쟁하고 결정하는 것은 자금이 들어가는 새로운 사업과 제한된 수의 관련 서비스에 대한 우선순위다. 이런 투자 구성 요소는 2003년 직접적인 자치 예산의 12.28퍼센트에 불과했다. 이런 '자기 제약' 이유 중 일부는 간단하다. 예산 상당 부분이 시의 인건비 지불에 묶였다. 임금은 공공서비스 조합과 단체협약에 달렸으며, 좌파 행정부는 분명 이를 존중하려고 한다. 다른 비용도 비교적 변경하기 힘들다. 시의 전기 요금과 전화 요금은 해마다 크게 달라지기 어려우며, 지방정부가 거리 청소를 하지 않겠다고 결정할 수도 없다. 연방과 시의 법령에서는 시청이 예산을 적어도 30퍼센트는 교육에, 13퍼센트는 보건에 사용하도록 의무화한다(2003년에 포르투알레그리는 31퍼센트를 교육에, 19퍼센트를 보건에 할당했다).

그러나 다른 원인도 작용한다. 그 원인은 세르지우 바이에리가 의문시하는 영역과 관련된다. 포르투알레그리 PB는 동원된 주민에게 정책 수립에서 유효한 역할을 부여하기 어렵다. 아시스 브라질은 이 어려움에 대해 다음과 같이 말한다.

대중의 통제를 확립한다는 관점에서 우리가 거의 진전을 보지 못한 지방정부의 영역이 있습니다. 우리는 투자 외에도 지역 놀이방, 최저 기본 소득 형태의 가족 지원 사업, 문화 활동의 분권화 같은 일부 서비스를 통제합니다. 그러나 작업 부서, 배수 부서, 수도 서비스 등에서 제공하는 주요 서비스 영역에는 통제권이 정말 부족합니다. PB 평의회는 총예산에서 이런 분야에 대한 일반적 분배 문제를 놓고 투표합니다. 하지만 어디에 얼마나 지출해야 한다거나, 정책 기준이 어때야 한다는 세부 논의는 없습니다.

문제는 PT 내부와 시청 내 힘의 균형입니다. 이 사안은 지방정부의 종전 권력 중심에 지장을 주고, 부서별 장의 역할에 불편한 의문을 제기할 것이기 때문입니다. 이는 우리 부서와 공동체 관계 평의회, 안드레의 기획실, 기획·재무·행정 부서장이 참여하는 분권화 실무 그룹에서 논의를 시작한 문제입니다. 이는 포르투알레그리의 참여민주주의가 거둔 성과와 한계를 논의하기 위해 소집되어 2003년 6월에 끝난 4회 시 학회의 중심 의제이기도 합니다. 그러나 아직은 갈 길이 멉니다.

마지막으로 시가 지출할 수 있는 전체 자금이 통탄스러울 만큼 부족하고, 통제가 엄격하다는 사실도 중요하다. 세부 사항은 복잡하지만, 앞에서 언급했듯이 브라질의 총 세수 가운데 자치정부가 사용할 수 있는 몫은 14퍼센트에 불과하다. 그것도 대부분 연방정부와 주정부가 돌려주는 것이어서 중앙의 통제가 훨씬 강해진다. 포르투알레그리 PB는 이전 지방정부의 고질적인 부패를 단속하고, 특히 부동산에 대한 누진세 강화를 지지함으로써 PT 행정부에게 운신의 폭을 넓혀주었다. 지방에서 인상된 세수는 PT 행정부의 첫 10년 동안 196퍼센트까지 올라갔다. 그러나 최종적으로 볼 때, 포르투알레그리에서 공공 지출에 대한 PB의 진정한 주권은 심각하게 축소되었다.

_ 전략적 선택

이런 한계를 바라보는 방식에는 두세 가지가 있다. 그 방식은 넓게 말해 1장에서 대강 알아본 'PT의 통치 방식'에 대한 서로 다른 전략적 접근법과 부합한다.

　신자유주의 우파와 사회민주주의 중심부에서는 PB의 한계를 문제 삼지 않는다. PB의 한계는 참여민주주의로는 시스템을 바꿀 수 없으며, 단지 시스템의 운영과 영향을 개선한다는 것을 확인시켜 줄 뿐이다. 이를 참여민주주의에 대한 보수적이고 보충적인 접근 방식이라고 부를 수 있다. 일부 극좌파도 신기할 정도로 이와 흡사한 추론을 통해 PB가 자본주의국가의 논리에 갇힌 개혁주의의 또 다른 변종이라고 결론을 내린다.

세 번째 접근 방식을 채택한 사람들, 즉 이 책의 나머지 부분을 채우는 기고문에서 다양한 주안점을 제시하는 이들은 PB의 한계를 주요한 장애이자 기회로 여긴다. 그 한계는 지 소자가 PB를 특징짓는 모순과 파열, 합성의 연속적 과정이라고 부르는 것의 일부다.

이 관점에서는 PB가 두 가지 성과를 어떻게 결합하는지 이해하는 것이 중요하다. 첫째, PB는 주민을 동원해 지역의 환경을 실질적으로 개선한다. 둘째, 주민의 동원이 지방 각지에 권력을 행사하기 시작하면 정치교육 과정이 된다. 공공 재정은 중요하지만, 수많은 일반 노동자계급 시민이 그 불투명한 메커니즘을 이해하기란 쉽지 않다. 뿐만 아니라 시민은 이런 지방 활동의 한계를 금방 눈치챈다. 그들은 브라질의 법체계가 어떻게 시 행정부가 할 수 있는 일에 강한 제약을 주는지 스스로 알아차린다.

이것이 아시스 브라질이 말하는 PB의 모호한 성격이다. 그에 따르면 PB는 자본주의국가의 지방정부에서 시 당국과 주민의 동업이자 공동 운영 시스템이지만, 한편으로는 '미발달 형태의 이중권력'이다. 이 말은 PB를 새로운 정치제도의 시작으로도 볼 수 있으며, 궁극적으로 국가권력의 대안적 형태를 위한 밑바탕으로 삼을 수 있다는 것이다. 아시스 브라질은 여기에 명백한 한계가 있다고 부연한다.

물론 그것은 브라질 같은 나라에서 하나의 시나 주라는 맥락에 국한됩니다. 객관적 여건과 주관적 여건을 보건대, PT의 일부 좌파가 주장하듯이 지금 당장 'PB에 모든 권력'을 넘기기란 불가능합니다.[6] 하지만 PB에는 확실히 이런 측면이 있으며, 우리는 그것을 최대한 밀고 나가야 합니다.

이로써 우리는 PB의 중심에 있는 모순으로 되돌아온다.

_ 주요 모순

요약하면 진정한 개혁, 동원, 정치적 인식 증가, 국가와 맺은 완전히 새로운 관계 등 PB의 모든 성과는 종전의 법적 · 헌법적 · 재정적 체계의 제약과 충돌한다. 종전의 체계는 그동안 브라질 정부가 내세운 신자유주의 거시경제 정책을 뒷받침하는 것으로, 룰라 행정부가 초기에 열광적으로 채택한 정책도 포함된다.

주요 모순이 나아갈 방향은 세 가지 중 하나다. 이 모순은 선거 패배에 따라 갑자기 끝날 수 있다. 이는 실제로 일어날 수 있으며, PB 자체가 가진 약점의 결과일 수도 있고 아닐 수도 있다. 폰트는 이 책 3부에 실린 마지막 기고문에서, 2002년 10월 히우그란지두술 주 선거에서 PT가 패한 것이 주 차원의 PB 경험을 반영한 결과는 아니라고 주장한다. 두 번째 가능성은 이 모순이 시간이 흐르면서 관료화, 공동체 내 직업화된 PB 전문가의 출현, 활발한 참여의 감소, 환멸로 이어질 수 있다는 것이다. 이런 위험 요소는 이미 감지된다.

세 번째 가능성은 PB의 급진적 개념이 갖는 의미다. PB는 종전

체계를 혁파하는 역동성이 있다. 동시에 그런 파열을 내는 데 필요한 의식과 사회적 힘을 창출할 수 있다.

이런 일은 한 시나 주에서 결코 일어날 수 없다. 하지만 PT의 일부는 룰라 행정부가 2003년 초에 취임할 때 직면한 모순, 즉 IMF가 제시한 목표 달성과 기아 퇴치라는 두 가지 약속으로 상징된 국가 차원의 모순을 혁파하기 위한 여건이 조성될 수 있다고 믿었다. 그와 동시에 사회적 동원이 크게 늘어나고, 정말로 신뢰할 만한 대안적 과제가 개발되어야 혁파가 일어날 수 있다는 것이다. 그들은 PB라는 종전의 도구를 전반적으로 확대하자는 요구가 PT의 좌파가 활용해야 하는 중요한 전략적 수단이 될 수 있다고 주장했다. MST의 토지 점유, PT와 연결된 노동조합 연합인 단일노동자들의 중심Single Workers' Centre, CUT을 통한 급진적 노동조합주의의 부활도 함께 꼽았다.

하지만 지금까지 징후는 룰라 정부가 그 모순을 버리고 두 가지 약속을 IMF가 제시한 목표의 달성 한 가지로 줄였다는 것이다. 이 때문에 좌파 진영은 상황이 더욱 복잡해졌다. 브라질 전역에 PB를 확대하려는 시도는 거의 없을 것으로 보인다. 대안은 사회적 동원과 지역에서 표출되는 참여민주주의를 결합하는 데서 만들어야 할지도 모르겠다. 아무튼 주요 모순은 사라지지 않았다. 장기적으로 볼 때 PB가 그 급진적 약속을 이루려면 앞으로 나아가고, 더 높은 단계로 확장하며, 지방정부를 강제하는 제약을 돌파해야 한다.

PT와 PB 그리고 사회주의로 전환

여기 남쪽에서 우리는 '유일한 사고방식'의 틀을 깨고 참여민주주의와 투자 역량으로 시를 통치하는 것이 가능함을 보여준다.

우리는 주민이 더 많고 더 나은 서비스를 바라며, 이는 신자유주의자들이 주장하는 '작은 정부'를 위해 공무원을 해고하는 것이 아니라 더 많은 공무원을 필요로 한다는 것을 안다.

우리는 공공서비스와 국영기업이 부패가 없는, 투명하고 민주적인 주민 통제로 관리될 때 흑자를 낼 수 있음을 증명한다. 중앙정부가 공공 부문 노동자의 실질임금과 연금, 최저임금에 일으킨 파괴 행위에 대해, 우리는 두 달에 한 번씩 조정을 통해 물가 상승률에 따라 임금을 유지하는 것으로 대응한다.

더 근본적으로 우리는 대의민주주의를 넘어서는 국가와 사회의 새로운 관계를 세운다. PB에 대한 국제적 인정은 우연이 아니다. 여기에는 민주주의를 새롭게 이해할 거대한 가능성이 있다. PB를 현실에서 심화하고, 이론의 완전한 이해를 지향하며, 이 모든 것을 당 전체가 공유하는 자산으로 만드는 일은 여전히 풀어야 할 숙제다.

우리를 변화시키고 이 참여민주주의를 만든 대담함은 우리를 새로운 대립 상황으로 나아가게 한다. 사회주의로 전환 계획에는 관련자의 활동과 인식을 질적으로 도약시키기 위한 우리의 제안이 필요하다.

우리가 꿈꾸는 유토피아이자 우리의 전진을 이끌어내는 이상인 사회주의사회의 성취는 어떤 법령이나 막연한 믿음으로 이룰 수 없다.

'최대' 강령과 '최소' 강령은 없다. 우리의 전략은 인민의 인식 차원에서 거둔 성과를 토대로 수립된다. 그 성과가 그들을 더 많은 투쟁으로 이끌고, 미래의 대결 상황에 대비하게 한다.

또 우리의 전략은 우리가 어떤 사회 계급을 대표하고, 어떤 동맹의 지원을 받는지 분명히 정의하는 데서 비롯된다.

　　우리가 지방정부에서 이룬 성과가 근본적인 사실을 흐리게 해서는 안 된다. 사회주의사회를 성취하려면 다른 형태의 국가와 다른 개념의 소유를 개발하지 않고는 불가능하다는 것이다.

2000년 3월 PT 창당 20주년 기념행사에서 하울 폰트가 한 연설,
〈PT의 20년〉에서 발췌

2

주민참여예산제도의 운영 방법

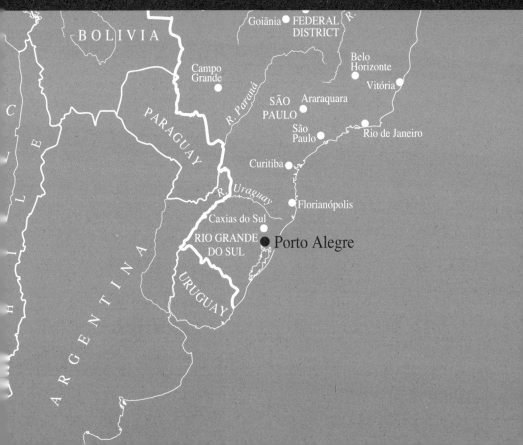

3.

우비라탄 지 소자[1]

　　시와 주 양쪽 차원에서 우비라탄 지 소자보다 PB에 긴밀하게 관여한 사람은 거의 없다. 그는 이 장에서 포르투알레그리의 경험을 주 차원으로 확장했고, 국가 차원으로 확장하는 것을 가능하게 할 보편적 특성에 대해 설명한다.

　PB는 지난 15년 동안 시민사회와 지방정부 지도자, 학계의 주의를 끌었다. PB에서 발달한 참여적 통제의 과정은 혁명적인 실험이다. 그 때문에 권력의 민주화를 원하는 사람들은 하나같이 PB를 열심히 따랐고, PB는 권력 집중을 선호하는 사람들에게 저항을 불러일으켰다.

　포르투알레그리와 브라질 안팎의 다양한 자치정부*, 예컨대

---

*　municipality는 '지방자치제' 혹은 '자치제'로 번역되나, 영미권과 유럽에서는 특정한 자치권이 있는 시군구 자치정부를 의미하기 때문에 '자치정부'로 번역한다.

벨루오리존치Belo Horizonte와 상파울루, 헤시피, 스페인의 코르도바Córdoba에서 지난 15년간, 그리고 1999~2002년에 히우그란지두술 주정부가 PB를 시행하고 얻은 경험은 이 제도가 공공자금을 분배하고, 지방정부의 통제권을 민주화하며, 적극적인 시민 의식을 육성하는 강력한 도구임을 보여주었다.

따라서 우리는 PB에서 보편적 원칙과 교훈을 도출할 수 있다. 이 원칙과 교훈은 이런 형태의 참여민주주의를 적용할 때면 그곳이 어디든, 그 규모가 어떻든 상관없이 유효하다.

_ 직접민주주의

PB는 주민이 공공 정책과 공공 예산을 토론하고 결정할 수 있는 직접적이고 자발적이며 보편적인 민주주의의 과정이다. 시민 참여는 4년마다 돌아오는 투표 행위에 국한되지 않는다. 시민 참여는 행정의 핵심 측면을 결정하고 통제하는 방향으로 훨씬 더 멀리 나아간다. 시민은 전통 정치의 부속물이 되어 가끔씩 열리는 선거에 참여하는 데 그치지 않고, 공적 영역의 영구적 주역이 된다.

PB는 직접민주주의와 대의민주주의를 결합한다. 대의민주주의는 인류의 위대한 업적으로, 보존하고 발전시킬 필요가 있다. 인간 사회에서 대의민주주의는 필수적이지만, 민주주의를 심화하는 과정에서는 불충분하다. 지금은 어느 때보다 대의민주주의에 다양한 직접민주주의를 결합해 시민이 행정에 적극 참여하고 국가를 통제할 수 있어야 한다. 포르투알레그리 시의 PB와 히우그란지두술 주에 확대된 PB는 직접민주주의의 구체적 사례다.

_ 현존하는 민주주의를 넘어

베를린장벽이 무너진 뒤, 장벽은 동서 양방으로 쓰러졌음이 분명해졌다. 현대 국가는 정치적으로나 재정적으로 정당성 위기에 직면했다. 현재 신자유주의 단계에 들어선 자유주의 부르주아국가는 사회적 배제의 과정을 심화했다. 갈수록 더 많은 사람들이 큰 도심지에서 불안정한 생활 조건에 시달린다. 자본주의사회의 문제를 다루는 이른바 '보완' 정책의 총체적 불완전성은 이제 누가 봐도 명백하다. 사회적 배제에 대한 투쟁은 행정에 주민의 직접 참여를 도입해, 시와 국가 전역에 걸쳐 소득과 권력의 분배를 변화시키는 공공 정책을 요구한다. 바로 이것이 PB가 국내외에서 광범위하게 인정받는 까닭이다. PB가 현대의 도전에, 무엇보다 현대 국가의 정당성 위기에 대응하기 때문이다.

PB의 경험은 오늘날 관료주의적 사회주의의 위기를 극복하기 위한 방법도 알려준다. PB는 동유럽의 부패와 실패가 보여주는 주된 정치적 측면, 바꿔 말해 국가와 사회의 독재적 관계에 창의적이고 독창적인 대응 방법을 제공한다.

_ 보편적 참여

PB에서 시민은 예산을 직접 결정하고 통제한다. 다른 기관이 시민을 대표하지 못한다. 주민은 예산 총회 내내 자유롭고 보편적으로 참여한다. 이런 원칙이 의사 결정권이 있는 PB와 전통적인 형태의 주민 협의를 차별화한다.

모든 시민은 소속 정당이나 조직, 종교에 상관없이 참여의 권리가 보장된다. 누구도 직접민주주의 과정에서 특혜를 누리지 못하고, PB 대표나 평의원 같은 선출직을 보장받을 수 없다. 이런 보편적 원칙이 있기에 PB는 포르투알레그리 시에서 15년, 히우그란지두술 주에서 4년이 지나는 동안 어느 정당에도 넘어가지 않았고, 어떤 단체의 지배도 받지 않았다. 이 원칙이 있기에 다원적이고 보편적인 방식으로 사회적 의지가 표출될 수 있었다.

이런 보편적 참여로 조직적 배경이 없는 시민도 자신의 필요에 따라 집회에 참석했다. PB에서 경험을 공유한 시민은 자신의 공동체에서 조직화할 방법을 찾기 시작했고, 그에 따라 주민 조직화 과정이 강화되었다. 지역주민생활조직이나 다른 대중운동에 소속된 사람들도 그 구성원을 동원해 PB에 개인적으로 참여하고 우선순위에 대한 지지를 얻도록 노력하게 함으로써 자신의 조직을 강화할 수 있다. 사실 이런 참여로 손해를 보는 이는 수천 명을 대표한다고 주장하면서도 우선순위를 주장하고 대의원을 선출하는 리더십조차 발휘하지 못하는 유령 조직의 가짜 리더뿐이다.

_ 총예산

PB의 또 다른 핵심 측면은 총예산과 모든 공공 정책을 토론하는 데 있다. 주민의 관리 능력을 과소평가하면 안 된다. 일부 예산만 토론과 숙의의 대상이 되어서는 안 되는 것이다. 인건비, 공공 채무, 기본 서비스, 투자와 관련 활동, 개발계획, 국영 은행을 통해 이용 가능한 예산 외 재원을 포함해 전체 예산을 공개하는 것이 필요하다. 주민은 점차 공공 지출과 정책을 책임지면서 행정 전반에 실질적으로 참여하기 위한 여건을 만들어간다.

이런 점에서 지방정부나 주정부는 세입과 세출에 관련된 모든 사실을 공개하고 기술적 측면을 설명함으로써 주민이 예산을 분석하고 결정하며 통제하는 위치에 있게 해줘야 한다. 예를 들어 포르투알레그리의 경험을 보면, PB는 3자 위원회(정부, PB 평의회, 공무원 노조)를 설치해 새로운 평의회 직책을 만드는 것에 대해 토론하고 결정하며, 인력 증원에 내적·외적 통제를 행사함으로써 총 급여에 대한 구체적인 통제 메커니즘을 만들었다. 교육과 보건 같은 사회 부문의 투자는 임금과 서비스에서 새로운 비용을 수반하기 때문에 공정 과세를 통한 세수 증대가 동반되어야 한다는 인식이 생겨났다.

_ 정치적 권리의 확대

브라질 헌법은 공공 예산을 행정부의 특권으로 규정한다. 이 원칙은 히우그란지두술 주 헌법과 지방정부 조례에도 명시되었다. 브라질 헌법은 또 '모든 권력은 국민에게서 나오며, 국민은 이 권력을 헌법에 따라 의원을 통하거나 직접적으로 행사한다'고 규정한다. '집회의 권리'와 '공권력에 대한 청원권'을 선언하는 조항도 있다. 최근에 나온 국가 재정 책무에 관한 법은 '투명성은 예산 계획과 지침을 작성하고 토론하는 과정에서 국민의 공청회 참여를 촉진함으로써 보장될 것이다'라고 명시한다.

따라서 선출된 정부는 선출된 지방의회에 예산안을 제안하고 송부할 권리가 있으며, 지방의회는 그것을 법제화한다.

PB의 직접민주주의 과정이 지닌 장점 중 하나는 대의민주주의 원리를 배제하지 않고 향상하는 데 있다. 선출된 의회는 모든 헌법적 권리를 보유하므로 제안된 예산안을 검토하고 표결에 부친다. 이 때문에 PB를 시행하기 위해 새로운 입법이 요구되진 않는다. 대의민주주의 메커니즘을 통해 선출된 인사들의 정치적 의지만 있으면 된다.

_ 자율, 자치 그리고 공개

PB는 자체 규정이 필요하다. 거기에는 재원 분배의 기준과 계획 방법이 포함된다. 하지만 이런 규정은 지방정부와 사회계약을 맺는 공동체가 철저히 자치적으로 작성해야 한다. PB는 완성되었거나 완전한 구조가 아니다. PB는 토론에 열려 있고, 그래야 한다. 완벽을 요구하는 것은 권위주의의 표현일 수 있다. 권위주의는 모든 사회과정을 특징짓는, 새것이 헌것을 대체한다는 지속적인 변화의 변증법적 과정을 무효화할 수 있다.

이런 의미에서 정부와 공동체는 PB의 규정과 절차를 해마다 비판적으로 평가해야 한다. 다음에 그 절차를 최신 상태로 유지하기 위해 필요한 변경 사항은 PB 평의회가 토론하고 결정해야 하며, PB 평의회는 행정부나 입법부의 간섭 없이 자치적으로 운영되어야 한다. 포르투알레그리 시와 히우그란지두술 주의 PB에 적용된 이런 자기 규제 원칙은 주민이 참여하는 민주적 메커니즘을 끊임없이 현대화하는 결과를 낳았다.

PB가 단순한 협의 과정이 아니라 참되고 실질적인 주민 참여 과정이 되기 위해서는 주민과 정부가 내린 결정을 기록하고 펴내 모든 사람이 볼 수 있게 해야 한다. 히우그란지두술 주의 경우, 이 기록은 '투자와 서비스 계획'이라는 형식을 취한다. 이는 주민이 후속 조치를 취하고, 결정된 사업과 서비스의 실행을 감시하는 수단이 된다. 덧붙여 정부는 주의 운영에 대한 효과적인 사회적 통제가 가능하도록 연간 사업 설명서를 제공해야 한다.

_ 연대, 자부심 그리고 깨어 있는 시민

시민이 직접 참여하여 우선순위를 결정하고, 예산안과 '투자와 서비스 계획'을 작성하며 공공사업을 통제하자, 연대감으로 유지되는 순수한 참여적 계획 과정이 가능해졌다. 결과적으로 PB는 시민에게 자유를 위한 자신의 역량을 깨닫게 했다. 이런 인식은 엘리트 집단이 미디어를 통해 직간접적으로 고취하는 것과 매우 다르다. 이는 평범한 시민이 집단행동의 힘을 발견한 결과다. 모든 시민은 연대의 경험을 공유하며 사회에 대한 비판적 인식을 발전시킨다.

이런 인식이 깨어나면 시민으로서 권리 의식이 생긴다. 교육이나 의료 같은 더 나은 삶의 질에 대한 권리와 지방예산의 범주를 뛰어넘는 권리는 사회와 경제의 구조적 변화를 바라는 광범위한 투쟁에 달렸다. 이런 인식과 널리 퍼진 연대감은 PB 내 소수 집단의 권리와 필요에 대한 인정으로도 이어졌다. 이런 과정은 PB 내에서 개별 시민과 공동체의 새로운 관계, 즉 존중과 공적인 인정이라는 새로운 관계를 만들어낸다. 이는 다시 사회의 가장 소외되고 억압받는 사람들에게 더 큰 자부심과 자신감을 가져다준다.

우리는 역사를 통해 국가뿐 아니라 사회운동 조직에서도 관료주의가 발달한다는 것을 확인했다. 지도자와 풀뿌리 구성원의 관계 역시 책임과 통제라는 참여적 메커니즘을 요구한다. PB의 경험은 히우그란지두술 주 안팎에서 사회적 관계를 민주화하는 전략적 역할을 했다. PB는 정당은 물론 노동조합, 사회운동, 풀뿌리 조직에서 민주적 참여와 통제를 촉진하기 위한 상시적 노력이다.

4.

테베 시민이라니! 내가 언제부터 테베 시민에게 명령을 받았단 말인가?

– 소포클레스Sophocles의 희곡 〈안티고네Antigone〉에서

테베 왕 크레온의 대사[2]

      우리 시대의 특징은 정치에 대한 불신의 증가다. 공식적인 정치제도는 무기력하거나 사회 현실과 괴리되었고, 사회적·경제적 변화를 가로막는 벽으로 작용한다는 견해가 널리 퍼졌다. 이런 상황은 자발적으로 투표하는 나라는 물론이고, 그렇지 않은 나라에서도 기권으로 표출된다(2001년 말 아르헨티나에서 백지 투표와 용지 훼손으로 엄청난 기권이 나오면서 데 라 루아 정부가 무너진 것처럼). 참여가 큰 변화를 가져올 수 없다고 여겨진다.

    역설적으로 '민주주의'가 최고의 통치 형태로 전 세계에 알려지는 동안, 대의민주주의라는 고전적 정치 체계는 탈진의 조짐을 보인다. 시장 사회에서 선출된 대표를 사회적으로 직접 통제할 방법

이 없으면, 국가는 사적 이익의 쉬운 먹잇감이 된다.

따라서 두 가지 핵심 과제가 수행되어야 한다. 첫째, 국가가 사회적 변화의 도구로 쓰일 수 있다는 사회적 신뢰가 회복되어야 한다. 둘째, 그런 변화를 상시적으로 가져오는 사회의 자율적 과정이 개발되어야 한다. 사회적 신뢰는 시민의 정치 참여와 상관없이 되찾을 수 있으나, 변화를 낳는 상시적인 사회 메커니즘은 진정한 참여를 요구한다. 역사를 보면 국가가 빈곤 수준을 낮추는 물질적 변화의 동인으로 작동한 사례가 있지만, 동시에 탈정치화와 소외 현상을 훨씬 악화시킨 사례도 있다. 이런 정치적 경험은 국가 활동을 경제체제가 일으킨 피해를 상쇄하는 보완 정책쯤으로 전락시킨다. 정치는 여전히 경제에 종속되었다. 무관심과 이기심이라는 지배적 경향에는 흠집 하나 생기지 않는다.

이 논리를 뒤집으려면 주민 다수의 주도권과 자기 조직화를 활성화할 필요가 있다. 시민이 PB에 직접 참여해 공적 재원을 관리하고 국가의 활동 방향을 결정하는 일은 새로운 정치체제로 가는 길을 연다. PB는 주민이 일반적 우선순위를 직접 결정하는 방식과 임기가 제한적인 대표자들이 세부 사항을 감독하는 체제를 결합해서, 민주적 실천의 새로운 단계를 확립한다. PB의 규정을 만드는 일부터 지방정부의 우선순위를 결정하는 일까지, 원하는 시민은 누구라도 참여할 수 있다. 주민은 자신의 결정이 존중받을 것이고, 그렇지 않으면 시청과 PB 대표에게 책임을 물을 수 있다는 것을 확신한다.

그 결과, 경제적 이익과 선거상의 이점에 따라 공적 재원을 분배하는 전통적 논리가 완전히 뒤집힌다. 그리고 그 자리에 기반 시설과 서비스가 끊어진 지역을 복구하는 동시에, 도시 전체에 혜택이 돌아가게 하는 주요 공공사업을 우선적으로 진행해 사회적 박탈을 줄일 수 있는 방법이 부상한다.

마침내 PB는 대의제의 참된 역할을 되살릴 수 있음을 증명했다. 이것은 대표자들이 자신이 대표하는 주민이 직접 결정한 우선순위를 보장하기 위해 일한다는 의미다. 직접민주주의와 대의민주주의는 모두 제 역할이 있다. 테베 시민은 반드시 테베 왕 크레온에게 명령해야 한다.

_ 간략한 역사 소개

히우그란지두술의 주도 포르투알레그리에는 136만 590명이 거주한다. 이 도시는 인구가 약 300만 명인 대도시권의 중심에 있다. 1980년대에 급성장해 급격한 소득 집중을 경험한 결과, 3분의 1에 달하는 인구가 기반 시설이 취약하거나 아예 없는 지역으로 이주했다.

1988년 올리비우 두트라가 시장에 당선되면서 대중적인 행정부가 등장했다. 그 이전까지 시청은 투명성이 없고, 부패와 정실주의 위에 주민 관계를 설정한 역대 행정부에 시달렸다. 투자 관련 결정은 도시 생활의 많은 부분에서 배제된 다수의 현실적 필요를 고려하지 않았다. 시 세입은 약 98퍼센트가 공무원의 임금으로 쓰였다.

방대한 사회적 부채가 있었지만, 공동체의 문제와 필요를 다루는 재원은 거의 없었다.

투자 재원을 늘리고 극도로 궁핍한 주민에게 지워진 사회적 부채와 씨름하려면 전면적인 세금 개혁이 필요했다. 세금 개혁은 PB 시행과 더불어 포르투알레그리에서 삶의 질을 꾸준히 향상했다. 세금 개혁은 주민 전체가 결정한 것이다.

세금 개혁이 성과를 보이고 주민이 결정한 사항이 실제로 시행되기 전에는 참여가 저조했다. 하지만 투자 역량이 회복되면서 참여도 늘어나기 시작했다.

표 4.1에서 보듯, PB에 참여하는 주민은 해마다 증가한다.

PB에 등록된 지역주민생활조직과 유사 단체도 오늘날 약 1000개로 늘었다.

PB의 결정을 널리 존중하는 관행은 자치 재정에 의미 있는 영향을 미쳤다. 예를 들어 브라질의 고질적인 세금 회피 문제가 쉽게 극복되었다. 오늘날 포르투알레그리는 다른 많은 자치정부와 달리, 지역에서 거둬들인 세금이 전체 재원의 50퍼센트 이상을 차지한다. 이는 돈이 어디에 어떻게 쓰이는지 쉽게 볼 수 있고, 무엇보다 주민이 그것을 결정하기 때문이다.

주민은 PB를 통해 가장 먼저 처리해야 할 요구 사항이 무엇인지 알았다. PB는 전임 행정부의 우선순위도 바꿔놓았으며, 사회적 부채를 상당 부분 바로잡는 데 도움이 되었다.

이제 포르투알레그리 주민 99퍼센트가 상수도를 공급받고, 83퍼센트는 하수도를 이용한다. PT가 처음 선출된 1988년에는 50퍼센

표 4.1 포르투알레그리 PB의 참여도, 1990~2001년

연도	지역 회의 총 출석수*	주제별 회의 출석수**
1990	976	
1991	3,694	
1992	7,610	
1993	10,735	
1994	9,638	1,609
1995	11,821	2,446
1996	10,148	1,793
1997	11,908	4,105
1998	13,688	2,769
1999	16,813	3,911
2000	15,331	3,694
2001	18,583	3,222

참고 : 이 통계는 출석 사항을 기록하지 않는 소규모 비공식 마을 회의에 참여한 사람은 포함하지 않았다. 따라서 해마다 PB에 참여한 사람의 총수는 위 표에 집계된 수보다 2배 이상 많을 수 있다.

* 지역 회의는 포르투알레그리 16개 지역(일랴스(Ilhas), 북서부, 동부, 롬바(Lomba), 북부, 북동부, 파르테논(Partenon), 헤스칭가(Restinga), 글로리아(Glória), 크루제이루(Cruzeiro), 크리스탈(Cristal), 남부 중앙, 남부 끝, 에이슈 발타자르(Eixo Baltazar), 남부, 중앙)에서 열린다.

** 1994년에 처음 열린 주제별 회의는 6개 영역(운송과 교통, 보건과 사회복지, 교육 · 체육 · 여가, 문화(2000년 이후), 경제발전과 조세, 시 조직과 도심 개발)을 다룬다.

트 정도만 하수도를 이용했다. 그 후 배수관이 딸린 250킬로미터가 넘는 아스팔트 도로가 가장 빈곤한 지역 위주로 깔렸다. 주택에 대한 세출은 1989~2000년에 4배 이상 증가했다. 같은 기간 시립 학교도 22곳에서 90곳으로 4배 이상 증가했으며, 낙제하는 학생 비율은 30퍼센트에서 10퍼센트로 줄었다. 공동체 운영 놀이방 약 114곳은 그 전까지 없던 지방정부의 재정 지원을 받기 시작했다. 시립 버스 회사는 브라질에서 처음으로 휠체어 탑재가 가능한 버스를 운행했다.

PB는 브라질 전역의 많은 시에서 채택되었으며, UN이 행정의 모범 사례로 선정해 세계적으로 인정받는다.[3]

_ 참여 경로

포르투알레그리 PB의 핵심은 지방정부와 전문가가 시 예산과 투자 계획을 마련하는 것이 아니라, 주민이 공무원이나 전문가와 협의해서 한다는 것이다. 따라서 PB가 가동되는 세 가지 경로에 대해 알아볼 필요가 있다.

주민 전체가 포르투알레그리의 예산을 토론하고 편성하는 데 직접 참여하는 두 가지 방법이 있다는 점이 가장 중요하다. 주민이 사는 지역에선 지역별로, 특정 주제 영역에서는 주제별로 참여가 가능하다.

시는 지방정부와 공동체운동이 합의한 경계선에 따라 16개 지역으로 나뉜다. 경계선을 정할 때는 각 지구의 정치적·문화적 관련성을 고려했다. 지역 본회의에서 주민은 14개 예산 항목이 적힌 목록 가운데 지출이 필요하다고 여기는 4개 우선순위를 정한다. 현재 이 목록은 하수관과 배수관, 주택, 사회복지, 도로포장, 수도, 교육, 가로등, 보건, 교통, 여가 지역, 스포츠와 여가, 경제 발전, 문화, 환경 개선으로 구성된다. 이 목록은 PB 자체의 결정에 따라 다음 연도에 바뀔 수도 있다. 지역 소회의에서는 4개 우선순위 항목에 맞춰 주민이 자기 지역에 필요한 특정 사업과 서비스의 우선순위를 정한다. 다시 말해 PB의 다양한 지역 회의는 각 동네의 지역적 필요에 초점을 맞춘다.

주제별 회의에서는 더 포괄적인 우선순위를 고르는데, 시 전체에 필요한 것을 놓고 폭넓은 토론이 진행된다. 주제별 회의가 포르투알레그리의 PB에 도입된 것은 1990년대 중반이다. 더 전반적인 사안을 다루려는 노력이기도 했고, 그때까지 PB에서 그다지 적극적 역할을 하지 않던 주민 집단의 참여를 이끌어내기 위함이기도 했다. 노동조합원, 소상공인, 학생, 문화운동가와 환경운동가들이 여기에 포함된다.

지역별 회의와 주제별 회의는 대의원 토론회에서 활동할 대의원과 PB 평의회에서 활동할 평의원을 선출한다. 대의원 토론회는 각 지역과 주제 영역에 하나씩 있다.

이렇게 PB는 누구나 참여할 수 있는 열린 대중 총회 외에 몇 가지 상시적이고 대의적인 구조를 만들었다. 선출된 PB 대의원과 평의원은 주민의 직접 참여로 결정된 사항을 어떻게 시행할지 여러 측면에서 토론하고 결정한다. 가장 중요한 상시적 구조는 PB의 운영을 전반적으로 책임지는 PB 평의회다. 연중 매주 2회 열리는 PB 평의회는 각 지역과 주제 영역에서 제출된 우선순위와 요구 사항을 질서 있게 합하거나 조정하고, 주민의 결정이 제대로 시행되는지 확인한다. 다양한 대의원 토론회는 적어도 한 달에 한 번씩 열리며, 지역별·주제별 공개 총회에서 선정한 일반적 우선순위 항목을 특정한 거리나 동네가 요구하는 구체적인 사업과 서비스로 바꾸는 것이 주요 임무다. PB 시행의 각 측면을 감시하고 지원하기 위해 서비스 포럼과 사업 위원회 같은 임시 기구도 설치된다.

마지막으로 지방정부 또한 이런 토론 과정에 참여하지만, 투표권은 없다. 지역별·주제별로 열리는 여러 회의에서 지방정부의 각 부서는 토론의 질을 높이기 위해 제안서를 제출하며, 기본적이고 필수적인 정보를 제공한다. 시청 기획실과 재정 부서는 이듬해 세입·세출의 주요 추정치를 제시한다.

_ 5단계

PB의 연간 주기는 다섯 가지 주요 단계(준비 회의, 지역별·주제별 단판 총회, 자치 총회, 대의원 토론회와 투자 계획 발표, 이듬해의 PB 규정과 기술적 기준에 대한 토론과 투표)로 나눌 수 있다.

(1) 준비 회의

첫 단계인 준비 회의는 3~4월에 각 지역과 주제 영역에서 열린다. 이 '소지역' 회의의 정확한 횟수와 형태는 지역에 따라 다를 수 있으며, 지역에서 결정한다. 특정 동네나 거리 단위로 열리기도 하고, 몇 군데 거리가 함께하는 형태로 열리기도 한다. 해당 지역에 사는 주민은 누구든지 참석할 수 있다. 이 회의는 지방정부의 지난해 실적 보고를 듣고, 올해 승인 사업을 검토하며, 이듬해 시행 사업에 대한 토론 과정을 시작하는 첫 번째 기회다.

시청 담당자들은 비교적 형식이 자유로운 이 회의에서 먼저 지난해 활동으로 PB가 지지난해에 승인한 투자 계획을 얼마나 달성했는지 보고한다. 그리고 이에 대한 비판적 토론이 진행된다. 합의된 올해 투자 계획을 발표하고, 이듬해 예산 논의 방식에 영향을 미칠 수 있는 PB 내부 규정과 절차의 변경 사항도 발표한다.

그 후 회의는 이듬해 예산의 우선순위를 놓고 토론한다. 올해 PB 평의회의 일원이 될 평의원 선출을 위해 후보자 명부를 어떻게 작성할지도 토론한다.

조정위원회가 이들 소지역 회의를 조직하는 데 도움을 준다. 이 위원회는 시청 기획실 소속 한 명, 공동체 관계 조정 단체의 대표, 해당 지역 PB 조정관, 해당 지역과 주제 영역에서 지난해 PB 평의회에 선출된 PB 평의원으로 구성된다.

인터넷으로 전송된 우선순위와 특정 투자에 대한 제안 사항도 준비 회의 단계에서 접수한다.

(2a) 지역별 · 주제별 총회

이 열린 공공 총회가 PB의 핵심이다. 주민이 시 예산의 우선순위를 토론하고 결정하며, 그 우선순위를 구체적 지출 계획으로 바꿀 PB 평의원을 선출하는 자리가 바로 2단계가 시작되는 여기다.

2001년까지 지역별 · 주제별 총회는 두 차례씩 열렸다. 2002년부터는 PB 평의회에서 이 과정을 더 간단하고 접근하기 쉽게 만들자고 결정했다. 기능을 통합해 총회를 한 번 열기로 하고, 준비 회의가 끝난 4~5월에 개최한다. 이런 변화는 PB를 히우그란지두술 주 차원에서 적용해본 경험으로 얻은 교훈이다.[4]

16개 지역별 총회와 6개 주제별 총회는 대중에게 공개된다. 모든 시민은 자신이 사는 지역의 지역별 총회나 자신이 선택한 주제별 총회에 참석할 수 있다. 총회는 TV와 라디오, 포스터, 안내 책자, 확성기를 달고 돌아다니는 차량을 통해 미리 홍보한다. 각 총회의 참석자 수는 400~500명에서 1500명 이상까지 다를 수 있다.

시청에서 보낸 사무직원은 투표 자격 증명서와 투표용지를 건네기 전에 성명, 주소, 주소와 관련된 해당 지역, 구역이나 거주자별 생활 조직을 기록해 모든 참석자를 등록한다. 이는 제도의 오용을 방지하고, 각 지역의 대의원 토론회에 선출될 대의원 수를 계산하는 근거가 되기 때문에 중요하다. 대의원 수는 지역별 총회에 참석하는 시민 10명당 1명이다.

참석자 등록이 진행되는 동안, 지역 단체의 음악 연주나 마술 쇼 같은 간단한 문화 공연이 분위기를 활기차게 만든다. 각 총회는 지방정부 대표가 지난해부터 승인된 변경 사항을 포함해 진행 절차를 설명하는 것으로 시작된다. 그리고 재정 부서 대표가 프로젝터를 이용해 추정 지방세 세입과 중앙정부의 교부금 등을 기초로, 토론해야 할 예산에서 이용 가능한 자금이 얼마나 되는지 간략히 설명한다. 그 후 청중 가운데 선착순 15명이 특정 우선순위에 대한 지지를 3분씩 주장한다. 모든 발언은 누구나 알기 쉽도록 대형 스크린으로 생중계된다.

그다음에는 이듬해 예산의 우선순위를 투표한다. 참석한 주민은 14개 예산 항목이 적힌 목록에서 4개를 순서대로 선택하여 작성한다.

모든 지역별·주제별 총회에 참석하고 일련의 행사 내용을 경청하는 포르투알레그리 시장은 투표가 진행되는 동안 지방정부가 진행 중인 일과 앞으로 도전할 일에 대해 설명한다. 시장은 일반적으로 청중이 제기한 주요 사항을 받아들이려고 애쓰지만, 투표 과정에는 아무런 역할도 하지 않는다. 시장의 연설은 어떻게 투표해야 하는지 주민에게 제시하기 위함이 아니라, 반드시 그 참여 과정을 살피고 공동체에서 제기한 비판과 제안을 고려하겠다는 의미다.

총회 후반부에는 PB 평의회에서 활동할 평의원을 선출한다. 16개 지역별 총회와 6개 주제별 총회에서 각각 평의원 2명과 대체 평의원 2명을 뽑는다. PB의 자체 내부 규정에 따라 평의원의 임기는 1년이며, 재선은 한 번 허용된다. 평의원의 활동이 불만족스러우면 해당 지역이나 주제별 영역 대의원 토론회에서 언제든지 그 임기를 취소할 수 있다.

평의원 선거는 후보자 명부를 이용해 진행된다. 후보자 명부가 하나 이상일 때는 가장 많은 표를 얻은 명부가 득표율 25퍼센트당 평의원 1명을 확보하는데, 평의원에서 대체 평의원 순서로 이어진다. 남은 평의원 자리는 나머지 후보자 명부의 득표율 순서에 따라 배정된다.

지역별 총회에서 평의원 32명, 주제별 총회에서 평의원 12명이 선출되고 대체 평의원도 같은 수로 선출된다. 그 외에 자치 노동자 노동조합과 UAMPA가 평의원 1명과 대체 평의원 1명을 추천한다. 모든 평의원은 PB 평의회에서 발언권과 투표권이 있다.

시장이 추천한 시 기획실의 조정관과 공동체 관계 조정 단체의 대표도 PB 평의회 회원인데, 발언권은 있지만 투표권은 없다.

PB 평의회는 주민이 정한 일반적 우선순위와 특정 요구 사항을 늘 존중하면서, 시의 지출 계획에 대한 모든 측면을 토론하고 결정하는 주된 책임을 진다. PB의 자체 법규에 나오는 대로 옮기면 PB 평의회는 다년 계획, 예산 지침 안내, 예산 제안서, 투자 계획, 조세정책을 포함한 시 예산의 모든 요소에 대해 '부분적 혹은 전체적으로 숙고하고, 평가하고, 승인하고, 반려하고, 바꾸는' 권한이 있다. 하지만 브라질 헌법에 따라 대다수 법정 문서와 연중 예산 제안서는 최종 승인을 위해 시의회[5]에 제출해야 한다.

(2b) 지역별·주제별 토론회

지역별·주제별 단판 총회가 끝나면 PB의 2단계는 또다시 동네, 거리 혹은 주제 영역별로 자체 조직된 일련의 소지역 회의와 함께 5월부터 7월까지 계속된다. 회의의 횟수와 형태는 역시 각 공동체의 정치적 · 지리적 · 문화적 특성에 따라 결정된다.

이 회의에서는 다양한 지역별 · 주제별 대의원 토론회에서 활동할 대의원을 선출한다. 앞에 설명한 것처럼 지역별 · 주제별 총회에 참석한 참가자 10명당 대의원 1명이 선출된다. 이 회의에서는 해당 지역이나 주제 영역이 요구하는 특정 사업과 서비스의 목록도 준비하기 시작한다.

대의원은 도로포장이 필요한 거리나 배수관 개선이 필요한 주택 밀집가 등 각각의 요구 사항이 있는 장소를 방문한다. 그다음에는 해당 지역이나 주제 영역에서 원하는 특정 사업과 서비스가 이듬해 투자 계획에 포함될 수 있도록 공동체와 함께 우선순위 혹은 '요구 사항 순서'를 작성한다.

시의 각 부서 담당관은 제안 사항별로 실행 가능성과 예상 결과에 대한 기술적 정보를 토론회에 제공하며, 토론을 위해 제안서를 직접 제출하기도 한다.

대의원은 지역별 · 주제별 총회에서 주민이 직접 결정한 우선순위에 따라 지방정부와 함께 투자나 서비스 계획을 면밀히 검토하고 조정하는 임무가 있다. 이 임무를 수행하기 위해 지역별 · 주제별로 대의원 토론회를 여는데, 여기에는 관련된 PB 평의원도 참여한다.

(3) 자치 총회

3단계는 통상 시에서 가장 큰 원형극장이나 스포츠 경기장 가운데 한 곳에서 7월에 여는 자치 총회다. 이 총회는 연간 주기에서 두 번째로 큰 회의로, 지역별·주제별 총회에서 선출된 PB 평의원이 취임하고, 지역별·주제별 토론회에서 작성한 사업과 서비스의 우선순위 세부 목록을 지방정부에 제시한다. 기획실과 재정 부서는 시장 대신 이듬해 추정 세입에 따라 임금, 간접비, 계약된 서비스, 투자 등 이듬해 세출의 주요 예산 항목을 설명한다.

전체 토론은 상세하게 기록되고, 지역별·주제별 토론회에서 제기된 요구 사항은 정해진 양식으로 기입된다. 그 양식 중 하나는 그림 4.1과 같이 각 지역에서 제안한 특정 사업이나 서비스에 대한 세부 사항을 기록한다(130~131쪽 참고).

이 양식은 해당 지역이 어디인지, 해당 지역 총회에서 투표한 4개 예산 우선순위 중 어느 것이 특정 요구 사항과 일치하는지, 그 요구 사항이 전체 선호 순위에서 어느 위치에 있는지 확인하는 것으로 시작된다. 그다음은 요구되는 특정 사업이나 서비스, 그 위치와 범위에 대해 자세히 설명한다. 위생 시설과 도로포장 같은 기반 시설 사업은 격자 지도로 해당 거리나 구간을 정확히 보여준다.

또 다른 양식에는 주제별 토론회에서 제기된 영역별 우선순위와 선호 순위에 대한 세부 사항을 기록한다.

(4) 최종 예산과 투자 계획

7월부터 12월까지 진행되는 4단계에 이르면, 모든 우선순위와 요구 사항 목록을 이용해 PB에서 나오는 두 가지 주요 문서를 작성한다. 첫째 문서는 예산안이고, 그다음은 투자 계획이다. 우선 시청은 접수된 요구 사항에 대한 기술적·재정적 분석을 하고, 예산안과 지역별·주제별 영역의 재원 분배를 위한 틀을 마련한다. PB 평의회는 8월과 9월에 이 예산안에 대해 토론하고 투표에 부친다. 최종 결과는 연중 예산 제안서로 작성하고, 승인을 위해 시의회에 제출한다.

그다음에는 유사한 절차를 거쳐 투자와 서비스 계획을 작성한다. 시는 제출된 요구 사항의 기술적·재정적 분석을 바탕으로 제안서를 만든다. 그러면 이 제안서는 지역별·주제별 영역으로 되돌아가 토론을 거친다. 주민이 수정과 대안 제시를 위해 가능한 한 많은 기회를 갖는 동안, 전문가들은 어떤 요구 사항이 기술적으로나 재정적으로 실현 가능성이 없는 까닭을 설명해주기도 한다. 최종적으로 지역별·주제별 대의원 토론회에서 그 계획을 놓고 투표한다.

(5) 규정 변경

11월부터 이듬해 1월까지 진행되는 마지막 5단계가 되면 첫째 대의원 토론회에서, 그다음은 PB 평의회에서 PB 규정과 기술적 기준 변경을 위한 제안 사항을 논의한다. 그 후 PB 평의회는 곧 시작될 다음 PB 주기를 위해 그 변경 사항을 채택할지 여부에 대해 투표한다. 휴가와 브라질 카니발 기간이 있는 2월이면 PB 평의회는 휴회에 들어간다.

이제 지방정부 지출 계획의 두 가지 핵심 사항인 연중 예산 제안서, 투자와 서비스 계획이 어떻게 준비되고 결정되는지 살펴보자.

요구 사항 양식

PARTICIPATORY BUDGET 2003
기획실

지역 :

지역 코드

지역명

예산 우선순위 :

요구 사항에 해당하는 지역의 4개 예산 우선순위

순위 :

지역의 선호 순위에 해당하는 요구 사항

요구 사항 기술

필요한 서비스, 지역, 범위, 참고 사항을 기술하시오.

하위 주제 :

주제별 우선순위 – 하위 주제명

기술 :

시작 시점
(빈칸에 도로포장, 배수관, 하수관, 수도만 적으시오.)

종료 시점
(빈칸에 도로포장, 배수관, 하수관, 수도만 적으시오.)

필요한 연장 구간 :

연장 구간은 미터로 표기 – 도로포장, 배수관, 하수관, 수도

동네 :

동네명

구역/거리 :

구역/거리명

요구자 :

기획실 기록

요구 사항 코드 : 2 0 0 3

우선순위		사업		순서
일자		이웃		구역
부서		지역		
우편번호				

포르투알레그리 시청 : 기록 확인서

| 평의원–2002 | 평의원–2002 | 기획실 | / / 날짜 |

주의 사항
1. 요구서는 반드시 시의회를 통해 전달되어야 합니다.
2. 요구서를 변경하거나 고칠 수 있는 기한은 2002년 8월 2일까지입니다.
3. 평의원은 반드시 요구서 양식에 서명해야 합니다.
4. 평의원 서명이 없는 요구서는 접수하지 않습니다.
5. 도로포장, 상하수도, 배수관에 관한 요구 사항은 위치 지도를 첨부해야 합니다.

위치 지도

참고 사항을 알리기 위해 가장 가까운 거리명을 이 양식에 기록하시오.

그림 4.1 요구 사항 양식(포르투알레그리 PB, 2003년)

_ 계획 지표

시 기획실은 앞에서 언급한 두 가지 문서를 다음 세 가지 기본 계획 지표를 바탕으로 작성한다.

(1) 지역에서 주민이 선택한 우선순위.
(2) 주제별 영역에서 주민이 선택한 사업과 서비스를 위한 지침, 진행 중인 장기 과제와 구조적 사업.
(3) 지방정부가 주민을 위한 핵심 서비스를 일정 수준으로 유지해야 할 의무, 비상 규정.

지역의 우선순위는 14개 예산 항목에서 선정한다. 앞에서 보았듯이 공동체는 지역별 총회에서 4개 우선순위를 선정하여 자치 총회 때 기획실에 제출한다. 우선순위의 전반적 순위 계산은 표 4.2에서 보듯 점수제를 이용한다.

첫 번째 우선순위 4점
두 번째 우선순위 3점
세 번째 우선순위 2점
네 번째 우선순위 1점

각 지역의 점수를 합산하면 시 전체의 우선순위가 정해진다. 총점이 가장 높은 세 가지 예산 범주가 시의 16개 지역에서 세 가지

표 4.2 지역별 우선순위(포르투알레그리 PB, 2003년)

지역	하수관, 배수관	수도	주택	도로 포장	교육	사회 복지	보건	교통	여가 지역	스포츠, 여가	가로등	경제 발전	문화	환경 개선
우마이타 / 나베간테스 / 일랴스			4		1	3						2		
북서부	1		4		3	2								
동부			4	1		3	2							
롬바 두 피네이루			2	4	3		1							
북부	2	1	4		3									
북동부			4	2	3							1		
파르테논		2	3	4		1								
헤스칭가			3	4		2						1		
글로리아			4	2	3		1							
크루제이루			4		2	3	1							
크리스탈			4		2	3						1		
남부 중앙	1		4	3	2									
남부 끝		3	1	4			2							
에이슈 발타자르	3		4	2			1							
남부	3	2	1	4										
중앙			4		2	3	1							
합계	10	8	54	24	30	18	11	0	0	0	0	5	0	0

참고 : 각 지역에서 선정한 항목별 점수

항목별 시 전체 합계

주택	54점	사회복지	18점	수도	8점
교육	30점	보건	11점	경제 발전	5점
도로포장	24점	하수관, 배수관	10점	여가 지역	0점

스포츠, 여가	0점	문화	0점
가로등	0점	환경 개선	0점
교통	0점		

최우선 과제가 된다. 이에 따라 모든 지역의 사업과 서비스에 대한 재원 분배가 결정된다.

앞서 언급한 바와 같이 주제별 지침이나 영역별 정책 우선순위는 6개 주제별 총회와 토론회에서 제출한 우선순위 양식에서 확인한다. 종전 투자 계획의 일부이자 지속적인 재정 공급이 필요한 장기적 사업과 서비스는 기획실의 자체 과제 관리 시스템에 따라 확인된다.

세 번째 계획 지표는 지방정부가 일정 수준의 기본 서비스를 상시적으로 유지해야 할 필요성을 말한다. 교육, 보건, 정수, 쓰레기 수거 등에 들어가는 지방정부의 재원과 관련된다. 이 비용은 시 세입을 상당 부분 사용하며, 상대적으로 유연성이 떨어진다. 이 비용은 중·장기적으로 변경이 가능하다. 세 번째 계획 지표에는 일부 재원을 비상 경비에 배정해야 하는 필요성도 포함된다.

시청 기획실은 세 가지 계획 지표와 재정 부서에서 제공하는 세입 추산을 토대로 첫 번째 예산안을 작성한다. 이 예산안은 시 재정위원회, 시장의 조정팀, 각 부서에서 토론과 면밀한 검토를 거친 뒤, 9월에 열리는 PB 평의회에서 논의한다. 이때 영역별로 제안된 투자와 서비스에 대해 상세히 설명한다. PB 평의회는 주민이 결정한 우선순위에 더 부합된다고 판단할 경우, 재원의 분배를 변경할 권한이 있다. 이론적으로는 예산 전체를 변경할 수 있다.

PB 평의회가 이 예산안을 승인하면 기획실이 최종적이고 공식적인 연중 예산 제안서를 작성한다. 이 제안서는 브라질 헌법에 따라 시의회의 승인을 받아야 한다. 예산 제안서가 시의회에 제출되면 PB 평의회는 투자와 서비스를 위한 계획을 결정하는 과정을 밟는다. 투자 계획은 다음을 기초로 한다.

(1) 시의회에 제출된 예산 제안서.
(2) 선호 순서에 따라 작성된 각 지역공동체의 요구 사항에 대한 기술적·법적·재정적 분석.
(3) 지역 간 재원 분배를 위한 '일반 기준'.

재원 분배를 위한 일반 기준은 전체 우선순위에서 상위 3개 범주에 속한 투자와 서비스를 위해 각 지역에 할당되는 재원의 양을 결정한다. 이는 16개 지역의 점수를 합산했을 때 1~3순위가 되는 범주를 뜻한다(표 4.2 참고). 2003년 예산을 예로 들면 주택, 교육, 도로포장이 그 순위에 해당한다. '일반 기준'은 표 4.3에서 보듯, 각기 값이 다른 세 종류로 구성된다.

표 4.4는 2003년 PB의 도로포장 재원을 예로 들어, 이 체계가 어떻게 작동되는지 보여준다. 각 지역의 점수에 일반 기준의 값을 곱하고 그 결과를 합산하면, 특정 예산 범주(이 경우 도로포장)에서 각 지역의 최종 점수가 된다. PB 평의회는 앞에서 언급했듯이, 예산안에 투표할 때 도로포장을 위해 시 전체에 쓸 수 있는 재원의 총액을 결정했다. 이 총액은 세 가지 일반 기준에 따라 계산된 최종 점수의 비율로 각 지역에 분배된다.

결과적으로 도로포장이 가장 미비하고, 인구가 가장 많으며, 지역 총회에서 도로포장을 최우선 순위로 투표한 지역이 도로포장에

표 4.3 포르투알레그리 PB의 일반 기준

지역의 총인구	
가치 2	
거주민 25,000명 이하	1점
거주민 25,001~45,000명	2점
거주민 45,001~90,000명	3점
거주민 90,001명 이상	4점
서비스 혹은 기반 시설 부족	
가치 4	
0.01~14.99%	1점
15~50.99%	2점
51~75.99%	3점
76% 이상	4점
지역에서 투표한 우선순위	
가치 5	
네 번째 우선순위	1점
세 번째 우선순위	2점
두 번째 우선순위	3점
첫 번째 우선순위	4점

표 4.4 포르투알레그리 PB 재원 분배 : 도로포장(2003년 투자 계획)

지역	지역 우선순위			기반 시설 필요			인구			합계	재원	
	점수	가치	계1	점수	가치	계2	점수	가치	계3	(1+2+3)	%	(M)
우마이타 / 나베간테스 / 일랴스	0	5	0	1	4	4	3	2	6	10	3.16	269
북서부	0	5	0	1	4	4	4	2	8	12	3.80	323
동부	1	5	5	1	4	4	4	2	8	17	5.38	457
롬바 두 피녜이루	4	5	20	2	4	8	3	2	6	34	10.76	915
북부	0	5	0	1	4	4	4	2	8	12	3.80	323
북동부	2	5	10	2	4	8	2	2	4	22	6.96	592
파르테논	4	5	20	1	4	4	4	2	8	32	10.13	861
헤스칭가	0	5	0	1	4	4	3	2	6	10	3.16	269
글로리아	2	5	10	2	4	8	3	2	6	24	7.59	646
크루제이루	0	5	0	1	4	4	3	2	6	10	3.16	269
크리스탈	0	5	0	1	4	4	2	2	4	8	2.53	215
남부 중앙	3	5	15	2	4	8	4	2	8	31	9.81	834
남부 끝	4	5	20	3	4	12	2	2	4	36	11.39	968
에이슈 발타자르	0	5	0	2	4	8	4	2	8	16	5.06	430
남부	4	5	20	1	4	4	3	2	6	30	9.49	807
중앙	0	5	0	1	4	4	4	2	8	12	3.80	323
합계										316	100.00	8,501

표 4.5 포르투알레그리 PB의 운영 방법 요약

3~4월
1단계
	준비
	회의
		지역,
		소지역
		(동네,
		거리, 여러
		거리) 등과
		주제별
		영역
			대중
			일반에
			공개
				• 지난해 대차대조표
				• 올해 투자 계획 발표
				• 이듬해 예산을 결정하는
				  규정과 기준 발표
				• PB 평의원 선출을 위한
				  기준 토론
				• 인터넷을 통한 우선순위
				  와 요구 사항 제안	

4월 중순
~5월
2a단계
	지역별 ·
	주제별
	총회
		16개
		지역과
		6개
		주제별
		영역
			대중
			일반에
			공개
				• 이듬해 세출의 우선순위
				  선정 투표
				
				• 차기 PB 평의회의 평의원
				  선출
				• 지역별 · 주제별 토론회에
				  선출될 대의원 수 결정
					• 지역 총회는 14개 목록
					  가운데 상위 4개 우선순위
					  선택
					• 주제별 총회는 영역별 우
					  선순위 선택에서 유연성
					• 지역별 · 주제별 영역에서
					  후보자 명부에 따른 평의
					  원 2명, 대체 평의원 후보
					  2명 선출
					• 토론회 대의원 수는 지역
					  별 · 주제별 총회에 참석한
					  주민 수에 따라 결정(참석
					  자 10명당 1명)

5~7월
2b단계
	지역별 ·
	주제별
	토론회
		다시 지역,
		소지역
		(동네,
		거리, 여러
		거리 등),
		주제별
		영역과
		하위
		영역에서
		다양한
		회의
			일부는
			대중
			일반에,
			일부는
			대의원과
			평의원에
			공개
				• 지역별·주제별 토론회 대
				  의원 선출
				• 선호 순위에 따라 지역
				  별·주제별 영역에서 요구
				  하는 사업과 서비스 선정
				• 지방정부 각 부서가 토론
				  을 위한 공동체의 기술 정
				  보 요구 사항 제공
				• 지역별 · 주제별 영역에
				  서 선출된 대의원이 인터
				  넷으로 제출된 요구 사항
				  토론
				• 대의원의 요구 사항 지역
				  방문
					• 대의원의 지역별 · 주제별
					  영역을 위한 대표 토론회
					  구성
					
					• 본 총회에서 결정된 4개 우
					  선순위에 따른 각 공동체
					  의 특정 투자에 대한 토론
					  과 결정을 위한 자체 회의
					  구성
					
					• '요구 사항 순위' 확정 이전
					  각 제안 사업의 필요성과
					  실현 가능성을 파악하기
					  위한 대의원의 현장 방문

7월 중순 3단계	자치 총회	시 전체의 대규모 회의	모든 대중에 공개	• 새로 선출된 평의원의 PB 평의회 활동 • 시에 제출된 사업과 서비스에 대한 요구 사항 순위 • 예산에 대한 일반적 토론	• 지역별 · 주제별 영역에서 평의원 44명, UAMPA와 자치 노동자 노동조합에서 각 1명, 시의 주무관 2명(발언권 있지만 투표권 없음) • 지역에서 기획실에 각 사업 혹은 서비스의 상세한 양식 제출 • 주제별 영역에서 우선순위 지침에 따라 양식 제출
7~9월 4a단계	예산안 준비	시의 부서 간, PB 평의회의 연속 회의	시 공무원, PB 평의원 참석	• 시의 예산 제안서 초안 준비 • PB 평의회의 예산 제안서에 대한 토론, 조정과 확정 • 최종 승인을 위한 최종 예산 제안서 시의회 제출	• 기획실의 지역별·주제별 영역의 우선순위와 요구 사항 분석, 첫 번째 예산안 작성 • 예산안을 기초로 부서별 세출 계획 작성 • 주민이 결정한 우선순위 반영을 확인하기 위해 기획실이 부서별 계획 조정 후, PB 평의회에 새 예산 제안서 제출 • 선출된 평의원은 주민이 직접 결정한 우선순위 반영을 위해 예산의 부분 혹은 전체를 변경할 권한이 있음 • 시의회의 최종 승인은 브라질 헌법이 요구하는 준수 사항. 실제로 시의회는 기획실의 최종 예산에 개입하지 않음
10~12월 4b단계	투자 계획 준비	시와 지역별 · 주제별 영역의 연속 회의	시 공무원, 대중 일반, 선출된 대의원 참석	• 시의 투자와 서비스 계획 초안 준비 • 지역별 · 주제별 영역에서 제안된 투자 계획 토론 • 지역별 · 주제별 대의원 토론회에서 PB 평의회가 최종 승인하는 최종 투자 계획 토론과 결정	• 초안은 합의한 예산 제안서와 다양한 기준에 따라 작성됨 • 시 기획실과 공동체 관계 부서 대표도 참석
11~1월 5단계	규정에 대한 토론과 수정	지역별 · 주제별 영역과 PB 평의회의 연속 회의	대중 일반, PB 평의원 참석	• PB 운영 방법에 대한 토론과 수정 제안을 위한 분산 회의 • PB 평의회의 제안서 검토와 PB의 이듬해 주기를 위한 규정 변경 결정	

쓸 수 있는 재원 중 가장 많은 몫을 사용한다. 4개 우선순위에 도로포장 항목을 넣은 지역에서 먼저 우선순위가 시행된다.

지역 간 재원 분배를 위한 일반 기준은 전체 우선순위 항목 중 상위 3개에 적용된다. 남은 한 가지 항목에 쓸 수 있는 재원은 해당 항목을 상위 4개 우선순위 중 하나로 선택한 지역에 먼저 배정된다.

따라서 투자 계획은 지방정부가 집행할 사업과 서비스의 상세한 목록을 제시한다. 어떤 사업을 실행할지에 대한 결정은 다음을 기초로 한다. (a) 각 지역이 이용 가능한 재원 (b) 각 공동체에서 결정한 선호 순위에 따른 각 과제의 해당 지역 (c) 과제 비용 (d) 과제의 실행 가능성에 대한 기술적 분석.

PB 평의회가 최종 투자 계획을 승인하면 PB를 통한 예산 작성 과정은 끝난다. 그 후 공동체의 토론과 참여는 PB를 통해 선정된 과제와 우선순위를 지방정부가 잘 집행하는지 감시하는 방향으로 간다.

표 4.5는 포르투알레그리의 PB가 어떻게 운영되는지 요약한 것이다.

그 후 PB의 순환 주기는 다시 시작된다.

5.

브라질 안팎의 많은 지방정부가 PB를 받아들여 다양한 방법으로 적용했다. 일부는 급진적 성격과 거리가 멀고, 일부는 혁명적이라고 불린다. PB를 혁신적이고 급진적으로 적용하는 데 성공한 사례로는 히우그란지두술 주에서 세 번째로 큰 도시인 카시아스두술Caxias do Sul이 있다. 카시아스두술의 페페 바르가스 시장은 이 장의 두 번째 부분에서, PT가 각 연도의 예산 결정뿐만 아니라 시의 장기적 미래를 계획하는 일에도 주민의 참여를 이끌어 내기 위해 어떤 노력을 하는지 설명한다.

상파울루 주 북부 중심에 있는 아라라콰라Araraquara는 카시아스두술과 많은 특징을 공유한다. 아라라콰라는 브라질에서 가장 중요한 오렌지 재배 지역 중앙에 위치한 중소 도시로, 인구가 20만 명 정도다. 브라질 기준에 따르면 상대적으로 평균수입이 높고, 시 경계 내에는 중대한 산업 기반과 광범위한 시골 지역이 있다. 아라라콰라의 시장도 카시아스두술과 마찬가지로 PT의 좌파 진영 출신이다. 에딩요 시우바[1]는 2001년 1월에 아라라콰라의 시장이 되었다. 이반 브루스가 진행한 인터뷰에서 그가 설명하듯 아라라콰라의 PT는 카시아스두술의 PB 경험에서 많은 부분을 차용했으나, 다른 방식으로 혁신을 시도했다.

_ 아라라콰라의 경험

이안 브루스, 에딩요 시우바와 인터뷰

우리는 2000년 10월 선거에서 승리하자마자, 가장 먼저 할 일을 결정하기 위해 일련의 토론을 시작했다. 그 결과 주민 참여, 사회 통합 증진 정책, 효과적인 대주민 서비스 제공이라는 세 가지 주요 영역이 정해졌다. 효과적인 서비스 제공 영역에서는 우파 진영이 더 현대적이라는 발상을 넘어, 주민 이익의 증진이라는 전혀 다른 논리에 효율적이고 기술적인 수단을 적용할 수 있음을 보여주고 싶었다. 하지만 당연히 주민 참여와 사회 통합이 전략적 우선순위였다. 주민 참여에는 PB와 자치 평의회라는 두 가지 주요 측면이 있었다. 사회 통합은 노동자의 자기 조직화에 초점을 맞췄다. 노동자들이 스스로 조직해서 변덕스러운 자본에 매달리지 않고도 일자리와 소득을 창출할 수 있다는 것이다. 예를 들어 협동조합의 설립을 장려했다. 그중 하나가 쓰레기를 분류하며 시영 쓰레기장에 살던 가족이 만든 재활용 협동조합이다. 재활용 협동조합은 이제 시에서 수립한 재활용 프로그램의 기반이 되었으며, 국가적으로도 인정받았다.

당시 우리가 주민 참여와 사회 통합을 전략적 축으로 삼은 이유는 자본주의사회에서 전혀 다른 생각에 근거해 권력 관계를 형성하는 것이 실제로 가능함을 도시 전체에 보여줄 수 있었기 때문이다. 그래서 어떤 형태의 주민 참여를 이끌어낼지 장시간 토론을 벌였다.

이안 : 자치 평의회는 예컨대 새로운 버스 노선을 정할 때 얼마나 많은 권한을 행사하나요?

에딩요 : 시는 주민 자치 평의회가 하라는 대로 합니다.

이안 : 의무인가요?

에딩요 : 그렇죠. 우리는 교통 이용자 평의회의 많은 논쟁에서 졌습니다. 우리가 볼 때 새 노선이 필요하다고 생각한 지역은 그곳이 아니지만, 평의회는 고집을 꺾지 않았고… 시는 그들의 결정에 따라야 했죠.

보건과 교육 분야도 마찬가지입니다. 각 병원과 보건 센터, 학교에 이용자 평의회를 설치했습니다. 우리가 채택한 모델은 시 행정부가 주민 조직을 활성화하고, 주민 조직이 의사 결정권과 자치권을 행사하는 모델입니다.

주민 자치 평의회는 PB 과정과 별개입니다. PB가 주민의 모든 요구 사항을 처리할 수는 없다는 것을 깨달았기 때문이죠. PB는 온갖 문제를 해결하는 만병통치약이 아닙니다. 일부 서비스는 주민이 상시적으로 날마다 관리할 필요가 있습니다.

이안 : 자치 평의회와 PB 과정 사이에 갈등이 생길 가능성은 없나요?

에딩요 : 그렇지 않아요. 자치 평의회는 관리 평의회이기 때문이죠. 자치 교통 평의회는 서비스가 제대로 제공되지 않는 동네를 위해 새로운 버스 노선을 요구할 수 있습니다. 하지만 그 동네의 도로를 포장해달라고 요구할 순 없어요. 이는 투자의 문제이며, PB를 거쳐야 합니다. 자치 교통 평의원들은 그런 요구 사항을 PB 총회에 가져가고, 자치 평의회와 PB가 만나죠. 그동안 새로운 버스 노선은 현재 있는 비포장도로를 이용해야 합니다. 지방정부가 주민에게 다가가려고 만든 프로그램도 마찬가지입니다. 이를 '지역 속의 시청'이라고 부르죠. 보건, 교육, 교통, 환경 등 지방정부 각 부서가 매주 특정 지역을 방문하고, 그곳에서 주민을 상대로 사무를 바로 처리하기 때문에 주민은 일을 보려면 반드시 시청에 가야 한다고 생각하지 않습니다.

그 과정에서 주민은 이런저런 투자가 필요하다고 요구 사항을 제기합니다. 그러면 우리는 "아뇨! 예산 문제는 PB 총회에서 다뤄야 합니다"라고 설명해요. 그렇게 해서 교육이 되죠. 첫해에 주민 20만 명 가운데 5000명이 PB에 참여했습니다.

우리는 앞에서 언급한 협동조합과 이런 시도를 통해 종전 사회에서 대안 권력 구조를 만들 방법을 찾고 있었습니다. PT 당원과 지지자들 사이에 무엇이 사회주의사회의 기본 원리가 되어야 하는지 커다란 이론적 논쟁이 있었습니다. 우리는 노동자가 스스로 조직할 수 있는 여건을 만들고, 노동의 종속 관계를 깨뜨리며, 시민

사회가 국가를 통제할 수 있다는 점을 보여주고 싶었습니다. 이 대안 권력 구조는 우리가 국가의 민주화를 시작하는 방법입니다.

그래서 PB에 대한 우리의 접근 방식은 여기에 잘 들어맞았습니다. PT 내에서 많은 논쟁이 있었지만, 우리는 PB가 투자 예산 전체에 의사 결정권을 행사해야 한다고 결론을 내렸어요.

이안 : 그럼 논쟁은 뭐였죠?

에딩요 : 많은 PT 자치정부에서 PB는 투자를 100퍼센트 결정하지 못해요. 어떤 곳은 협의할 뿐, 의사 결정권이 전혀 없죠. 다시 말해 PB는 시청이 돈을 어디에 써야 하는지 의견을 표명하는 정도이며, 결국 지방정부가 결정하죠. 혼합된 변종 방식도 있어요. 하지만 우리는 첫해부터 PB가 예산을 100퍼센트 결정했습니다.

우리 모델은 히우그란지두술 주의 카시아스두술에서 적용한 것을 기본으로 삼았지만, 조금 바꿨어요. 나라 전체를 위한 모델임이 분명한 포르투알레그리와 큰 차이가 나지 않습니다. 하지만 우리가 카시아스두술의 경험에서 배운 이유는 규모와 사회 구성 등이 우리와 비슷한 상황이기 때문이죠.

이안 : 포르투알레그리처럼 교육, 보건, 도로포장, 위생 시설 등 주민이 항목을 선택할 수 있는 우선순위 목록이 있나요?

에딩요 : 아니, 목록은 제공하지 않아요. 주민이 자기 것을 제시합니다. 이런 점에서 우리의 과정은 포르투알레그리보다 열려 있어요. 주민이 조경을 우선순위로 정하면, 우리는 그대로 합니다. 행정부는 총회에 출석해서 필요한 주장을 펼쳐야 합니다. 우리는 첫해부터 여러 지역 총회에서 논쟁에 졌어요. 예를 들어 우리는 여

러 가지 기술적인 주장을 하면서 왜 교육이 우선순위가 되어야 하는지 설명했는데, 주민은 보건에 표를 던졌죠.

첫해 이후에는 일부 변화가 있었습니다. PB는 언제나 수정 중이니까요. 예를 들어 전에는 지역 총회와 소지역 총회에서 우선순위를 결정하면, 그 총회에서 선출된 PB 평의원이 PB 평의회에 참석해 각 지역과 우선순위에 따라 재원을 어떻게 나눌지, 학교와 보건센터 등을 어디에 짓고 어느 도로를 포장할지 결정했습니다. 그런데 현지 주민에게서 돈이 정확히 어떻게 쓰이는지 모르겠다는 불평이 나왔어요. PB 평의원과 그들을 선출한 주민 사이에서 접점이 끊어지는 위험이 있음을 알았죠. 지금은 평의원들이 재원을 어떻게 분배할지 결정하지만, 지역 총회에서 그 재원으로 어떤 배관과 포장용 돌을 쓸지, 축구장을 어디에 설치할지 다시 결정합니다. 이런 방식으로 직접민주주의 요소를 강화했습니다.

PB 평의회는 여전히 그런 사업의 자금과 집행을 감시하는 중요한 일을 합니다. 다른 형태의 PB를 도입한 일부 지방정부는 주민이 자기 지역에 당장의 이익을 위해 투표하는 경향이 있다고 주장해요. 전체 공동체에 이익이 되는 더 큰 사업이 끼어들 여지가 없다고 말하죠. 그래서 이런 대형 사업은 PB에서 제외하고, 시 행정부가 결정해야 한다고 주장합니다. 저는 시가 지역 총회에 참석해 전반적 이익을 가져다주는 사업을 옹호해야 한다고 생각해요. 주민에게 조합주의적 본능이 있고, 자기 지역의 즉각적 이익만 원한다는 가정에서 출발하면 안 됩니다. 그런 일이 발생한다면 우리가 그 논쟁을 정치적으로 충분히 다루지 못하기 때문이겠죠.

우리는 보통 지역 총회에서 제대로 다루기 어려운 특정 영역을 토론하기 위해 주제별 총회를 추가로 설치해야 할 필요가 있다는 사실을 깨달았어요. 그래서 2002/2003년 PB에는 여성, 흑인, 장애인과 청년의 요구를 특별히 다루는 총회뿐만 아니라, 예컨대 환경 문제에 더 적절히 대처할 수 있도록 도시 개발을 다루는 총회도 도입했습니다. 이들 총회는 이제 해당 영역에서 투표로 한 가지 우선 정책을 정합니다. 사실 지역 총회에서 직접민주주의 과정을 확대·심화하기 위해 철저히 급진적으로 나아가는 것과 '소수'의 이익을 위한 공간을 따로 확보하려고 '자유주의적' 개념을 적용하는 것 사이에는 미세한 경계선이 있죠. 저는 소수의 이익이 아니라 정치적으로 작은 사안이라고 말하고 싶어요. 주민 다수가 아직 그 문제를 받아들이지 못한 것이기 때문입니다. 한 가지 예로 환경을 들수 있어요. 첫해에 8개 지역과 25개 소지역 중 오직 한 곳에서 환경을 세 가지 우선순위 중 하나로 선택했습니다. 그건 시 당국의 찬성과 무관했어요. 물론 정치적 성숙의 문제죠.

PB 평의회는 예산 20퍼센트가 이런 새로운 주제별 총회의 우선순위에 돌아가고, 나머지 80퍼센트는 지역 총회에 돌아가도록 결정했습니다. 이는 우리가 PB 평의회에 제안하고 주장한 것으로, 주민도 동의했습니다.

그러니까 모든 것이 과정에 있고, 우리도 배우는 중입니다. 하지만 우리의 PB 모델에 의사 결정권이 있다는 사실은 민주적 공간이 확대된다는 의미예요. 우리가 첫해부터 투자를 100퍼센트 PB의 의사 결정권에 맡기고 총회에서 우선순위 목록을 제시하도록 하겠다고 하자, 일부 다른 지방정부가 우리를 심하게 비판했습니다. 주민은 우리에게 미쳤다고 했고요. 우리가 내세운 선거공약을 어떻게 지킬 거냐고 물었죠. 글쎄요, 나는 우리가 이런 총회에 참석해서 우리의 제안을 옹호해야 할 거라고 말했어요. 지방정부를 담당한 우리는 직접민주주의를 두려워하지 말아야 해요. 물론 우리는 첫해에 논쟁에서 지기 일쑤였고, 이후에도 그랬어요. 요전에 한 총회에 갔는데, 우리는 그 지역에 놀이방이 필요하다는 것을 잘 알았어요. 온갖 수치를 들어 설명했지만, 총회에서는 도로포장에 투표해버렸어요! 그래서 놀이방을 설치하지 못하죠. 엄마들이 불평하지 않을까요? 분명 그럴 겁니다. 하지만 우리가 뭐라고 하겠어요? 결정은 PB가 내렸습니다. 그러니 내년에는 총회에 참석해 놀이방 설치를 주장하라고 얘기할 수밖에 없죠. 이 또한 교육하는 과정입니다.

나한테 야단친 마을도 있어요. 주민 다수가 지역 총회에 제대로 참석하지 않아 특정 소수가 거리의 우선순위를 결정한 겁니다. 사람들이 언론사로 달려가서 나한테 책임이 있다고 비난했어요. 내가 뭐라고 하겠어요? 간단해요. 내년에는 꼭 참석해서 결정하세요. 주민은 그렇게 배워갑니다. 사실 그들 말이 옳았어요. 다른 거리가 우선이고, 거기에 아스팔트를 깔아야 했어요. 하지만 그들은 총회에 참석하지 않았고, 요구 사항을 내세우지도 않았어요. 한 군데에 불과하더라도 내가 뒤로 물러나 PB를 무시하고 그들의 주장을 수용한다면, PB 전체를 약화하는 꼴이 됩니다. 그러니 PB는 상시적인 정치투쟁이죠.

이안 : PB를 시행하는 혁명적 방식과 개혁적 방식에 뚜렷이 다른 점이 있다고 생각하나요?

에딩요 : 분명히 있지요. PB를 사회 민주적 접근법을 이용해 개혁적 방식으로 적용하면, 사실 혁명적 방식보다 쉬워요.

이안 : 어떻게요?

에딩요 : 자문 협의회를 설치하고 간접적인 대의제 메커니즘을 만들어 포럼에서 이런저런 문제를 토론하면 주민을 동원할 수 있을 겁니다. 하지만 그건 권력 구조를 만드는 게 아니에요. 권력 구조를 만드는 것은 혁명적 방식의 PB가 하는 일이죠. 사회에서 자주적인 권력 구조를 만들기 시작해요. 이론적 관점에서 보면 국가 조직체 내에 통제 구조를 만들고, 그것을 통해 시민사회가 국가를 상대로 통제하는 거예요. 고질적 부패를 폭로하고 청산하거나, 적어도 바로잡죠. 공무를 감시하고, 행정부와 민간 업자의 안이한 관계를 무너뜨려요. 예산이 기술적이고 고정적인 대상이나 우리와 동떨어진 것이 아니라, 아주 기본적인 것이라는 개념을 분명히 설명하죠. 어떤 돈이 들어오고 어디로 나가는지 따져요. 주민은 매달 통제하고 감독할 수 있습니다. 혁명적 제안이에요.

하지만 자문 협의회를 열어 주민의 말을 듣는다면, 주민이 권력을 행사하거나 새로운 형태의 권력을 만드는 공간이 생기는 게 아니죠. PB는 이제 PT만 내거는 기치가 아니에요. 우파 진영인 자유전선당Liberal Front Party, PFL[2] 소속 지방정부조차 나름대로 PB를 적용해요. 신자유주의적 관점에서 PB는 매우 '현대적'이죠. 일부 PT 행정부도 '자문' 형식과 유사한 PB를 적용하지만, 이는 혁명적 제안과 크게 달라요. 그래서 PB의 모델 선택이 절대적으로 중요합니다.

이안 : 그렇다면 의사 결정권이 있는 PB와 개혁적 방식은 양립할 수 없다고 보나요?

에딩요 : 그렇죠, 양립할 수 없어요. 예산이란 정부의 우선 과제를 가리켜요. 국가조직을 지배하는 경제 계급의 표현이죠. 이는 시나 주, 국가 차원에서도 똑같아요. 사회 다수가 이 수단을 통제하는 공간을 만든다면, 그 즉시 우파 진영의 과제와 양립할 수 없어요. 권력에서 배제된 노동자계급과 다른 부문은 자본가계급의 이익이 아니라 자기 이익을 표현할 겁니다.

이안 : 그러면 세계은행과 UN이 PB를 투명하고 효율적인 지방행정의 사례라고 찬사를 보낸 때는…

에딩요 : 세계은행과 UN은 이해하지 못합니다. 이들 세계 기구가 순진하다는 말이 아니고요. PB가 결정 권한을 행사하는 것이나 국가 구조가 대중 계급의 권력 행사를 고무하는 것이 얼마나 중요한 문제인지 파악하지 못하고 있습니다. 토론회를 조직하고 시민을 초청해 이틀은 주택문제를, 이틀은 보건과 교육 문제를 논의하면서 의견을 듣는다면 세계은행은 찬사를 보낼 수 있어요. 아주 좋다는 거죠. 하지만 주민이 세입과 세출을 논의하고 투자를 결정하는 권력 구조를 만드는 것은 다른 문제입니다. 이는 양립할 수 없어요.

이안 : 지방정부의 권력은 아주 제한됩니다. 국가라는 더 큰 권력이 만든 공간에 존재하죠. 의사 결정권도 여전히 제한적이고요.

에딩요 : 사실 주민은 '국가' 혹은 '나라'에 살지 않아요. 국가와 국민은 정부 관료 조직이 만든 허구입니다. 주민은 시나 마을 혹은 지역에 살죠. 그곳에서 권력이란 직접 행사할 수 있는 것임을 교육 과정의 일부로 배울 수 있어요.

이안 : 여기 아라라콰라에서 주민의 삶을 결정하는 많은 것이 지방정부의 손을 거치지 못하는데요.

에딩요 : 지역 총회마다 제기되는 문제가 있어요. 세금 구조나 외채 지불…

이안 : 바로 그거예요. 아라라콰라 시 당국은 외채 지불 여부를 결정하지 못합니다.

에딩요 : 외채는 사회에서 정치적 논쟁거리가 되죠. 중요한 건 지역에서 얼마나 많은 결정을 하느냐가 아닙니다. 주민을 교육하고 권력을 행사하기 위해 스스로 조직할 수 있다는 것을 보여주는 거예요. 모든 자치정부가 이렇게 하면 각 시와 마을, 지역에 주민 조직망이 생겨서 전혀 다른 권력 구조가 만들어질 겁니다. 우리가 정말로 투자하는 대상은 주민의 조직화, 새로운 형태의 정치권력입니다.

이안 : 전부 좋게 들립니다만, PT의 혁명적 좌파는 사실 근본적인 사회 변화, 즉 사회주의에 대해 언급하지 않는 것으로 보여요.

에딩요 : 주민이 사회주의에 대해 들어보지 못했거나 왜곡된 이야기만 들어봤다면, 총회에서 사회주의를 찬성하는 자세한 설명을 할 수 없을 겁니다. 민주주의에 근거한 사회주의사회의 권력 구조가 어떤 것인지 보여줄 수 있어요. 우리는 말하는 데 그치지 않고

보여줍니다.

이안 : 아마 이 혁신은 브라질 같은 개발도상국에서 더 의미 있을 거예요. 유럽의 선진국에서는 노동당이나 사회민주당 아래 '자치적 사회주의'를 실행한 경험이 상당합니다. 예를 들어 학교와 사회복지사업 운영에 주민이 참여하는 것, 볼로냐에서 공산당이 시의회를 운영하는 것 등이죠. 하지만 이런 경험은 전체 권력 구조에 결코 도전하지 못했습니다. 그러니 지금까지 설명한 접근 방식에도 이 모든 것이 변화 없는 저 넓은 세상에서는 흥미로운 오아시스로 남는 위험이 있지 않을까요?

에딩요 : 동떨어진 정치적 경험에 대해 얘기하는 것이라면 사실일 수 있어요. 하지만 그렇지 않다고 봐요. 다른 접근 방식을 참고하더라도, PB는 더 광범위한 것이라고 볼 수 있어요. 여기 아라라콰라에서 열린 한 포럼에 상파울루 주에서만 50여 개 자치정부가 참여했어요. PT는 물론이고 다른 정당의 주요 정치 지도자들이 전부 왔죠. 모델이 논쟁 중이어서 아직 불확실하지만, 이제 우리가 동떨어진 경험에 대해 얘기한다고 보지 않아요. PB는 발전하고 있으며, 더 광범위한 지역사회에서 중요하게 받아들여요. 이 안에서 PB의 혁명적 모델과 개혁적 모델을 둘러싼 논쟁은 계속 밀고 나가야 할 것입니다.

이안 : 다른 대안을 말해보겠습니다. 2001년 12월 이후 아르헨티나에서 대중 집회가 급속히 늘어났어요. 세계 각지의 좌파는 이를 일종의 파리코뮌, 아래에서 시작된 대중 권력이라고 묘사했습니다. 이것은 종전 국가의 외부에서, 대안 권력 구조를 만드는 아

주 다른 방법으로 여겨져요. 많은 좌파에게는 이것이 전통적 견해에서 바라보는 대중 권력의 모습에 훨씬 더 가까운 듯합니다. 하지만 PB는 오히려 종전 국가의 내부에 있거나, 절반은 내부에 절반은 외부에 있죠.

에딩요 : 분명히 해둡시다. PB는 종전 국가를 정당화하는 구조가 아닙니다. 동유럽에 있던 이른바 대중 권력이라는 기관들과 다릅니다. PB는 국가의 간섭 없이 자주적이어야 해요. 하지만 자유주의나 무정부주의 관점의 '자주'는 아닙니다. PB의 전위는 조직하고 고무하고 전진하는 내내 그 자주적 성격을 이해해야 합니다. 지역 선거에서 승리하는 것이 왜 중요할까요? 단지 좌파도 좋은 행정가가 될 수 있다고 보여주려는 것은 아니죠. 내가 시청에서 늘 하는 말이지만, 우리가 떠난 뒤에도 주민 조직은 남기 때문입니다. 우리는 주민의 조직화를 고무하고, 사회가 나아갈 방향을 두고 싸울 수 있는 다른 권력 구조를 만들어야 합니다.

이안 : 하울 폰트는 브라질의 노동조합운동에서 노동자의 통제를 위한 제안이 없는 것을 한탄했습니다. 물론 고전적 마르크스주의 전통은 생산 영역을 핵심으로 여기죠. 이런 점으로 보면 주민이 주도하는 PB가 지역을 통제하는 것은 시 차원에서, 생산에 대한 노동자의 통제 없이는 좌절하지 않을까요?

에딩요 : 우선 사회의 중요한 부분이 특히 라틴아메리카에서는 생산 영역 외부에 있죠. 배제되었어요. 사회의 이런 부분은 전통적 노동자계급보다 혁명적 잠재력이 커요. 아마 훨씬 클 거예요. MST를 보면 그들은 단순히 농업 노동자가 아닙니다. 브라질에서

농지를 위해 싸우는 배제된 사람들이죠. 집 없는 사람들도 국가와 맞서는 프롤레타리아트가 아닙니다. 어디에도 살 곳이 없는 사람들이죠. 나는 역사의 주체를 단지 고전적 마르크스주의 개념의 노동자계급 안에서 찾아야 한다고 생각지 않아요.

이안 : 생산 영역을 고려하지 않으면 분명 별로 진전이 없지 않을까요?

에딩요 : 물론 생산 영역은 중요합니다. 혁명적 잠재력이 있어요. 그러나 현재 자본주의의 공세에 직면해선 상당히 수세적이고 후퇴하는 영역으로, 정치적 주도권을 잡기가 힘듭니다. 오늘날 라틴아메리카에서 정치적 주도권을 잡고 경제모델에 이의를 제기하거나 자본주의에 도전하는 것은 노동자계급이 아니에요.

이안 : 여기 아라라콰라에서는 생산 영역 노동자를 고무해 그런 주도권을 잡게 만들 방법이 없나요?

에딩요 : PT가 노동조합과 큰 논쟁을 벌인 적이 있는데, 노동조합이 자신들과 관련된 투자 문제만 토론하려고 했기 때문입니다. 우리가 노동조합에 해준 말은 PB 총회에 참석해 입장을 주장하라는 것입니다. 노동조합이 특권을 누려야 할 까닭이 없으니까요. PB에 참여해 논쟁에서 이겨야 합니다. 그렇지 않으면 우리는 사회의 일부 영역이 다른 영역보다 중요하다는 논리에 빠지죠. 이런 논리에 따르면 동유럽이 범한 오류에 확실히 빠질 것입니다.

이안 : 시청은 예를 들어 항공기 제조사 엠브라에르Embraer 같은 대형 공장이 아라라콰라로 옮겨 올지 여부에 대해 전혀 통제하지 못하잖아요?[3]

에딩요 : 여기 주민은 엠브라에르 유치에 돈을 쓸지 여부를 토론하고 결정할 수 있어요. 시청이 엠브라에르를 유치하는 데 공금을 쓰겠다는 제안을 한다면, 이 제안은 PB에 가야 합니다.

이안 : 그러나 PB에서 하는 토론은 여전히 사회의 부를 분배하는 문제에 국한되었어요. 부의 실제 생산에 대해서는 토론하지 못해요.

에딩요 : 할 수 있어요. 아라라콰라의 PB 지역 총회를 보면 8개 지역 중 4곳은 일자리와 수입을 늘리기 위한 정책을 우선순위로 결정했습니다.

이안 : 결국 자본주의경제에서 무엇을 어떻게 생산할지 결정하는 사람은 자본을 소유하고 통제하는 사람이잖아요.

에딩요 : 물론이죠. PB가 실제로 계급 모순을 극복하진 못합니다. PB는 권력 구조를 만들어요. 주민의 집단적인 힘이 자라서 권력 구조가 커진다면, 어느 순간 종전 계급 구조에 의문을 품을 거예요. 하지만 PB 자체가 계급 구조에 도전한다고 말하는 것은 잘못이죠. 그건 PB의 범위를 벗어나는 요구입니다.

이안 : 생산에 대한 노동자의 통제는 종전의 노동조합주의보다 야심찬 것입니다. 이는 노동자가 무엇을 어떻게 생산할지 발언권을 행사하기 시작한다는 의미고, 결국 사회의 형태를 많은 부분 결정합니다. PB가 그렇게 멀리 나가진 않을 거예요, 그렇죠?

에딩요 : PB는 상시적으로 수정된다는 점을 기억해야 합니다. PB의 모델은 줄곧 변화하고 발전해요. 어떤 PB를 만드느냐가 중요하죠. 결정권이 있는 혁명적 모델이라면, 분명 국가 내부에서 대

안 권력 구조를 만들어낼 것입니다. 때가 되면 주민 참여 구조가 생산 체제를 논의해야 할 거예요. 이는 참여하는 사람들에게 상당한 정치적 교육이 필요하다는 것을 의미해요. 여기 아라라콰라에서는 그렇게 되고 있어요. 하지만 모든 사람이 생산의 결과를 토론하는 것으로는 충분하지 않고 생산 자체도 토론해야 한다는 것을 분명히 알려면, 계급의식의 전체 수준이 높아져야 해요.

당장은 더 시급한 문제가 있어요. 우리 지방정부는 자신을 혁명적 전위로 간주하고, 주민 참여를 자주적 형태로 만드는 데 주도적 역할을 하지만, 과정의 고립화와 경직화는 경계해야 합니다.

이건 정말 위험해요. 그럼에도 나는 우리가 정말로 혁명적이며, 새로운 권력 구조를 발전시키는 PB를 만드는 중이라고 확신합니다. 축적하는 과정이죠. 그 축적이 얼마나 갈지, 새로운 주도권으로 얼마나 이어질지 말할 수 없어요. 언제가 될지 알 수 없고요. 하지만 그 방향으로 간다는 것은 확실합니다.

_ 카시아스두술의 경험

페페 바르가스[4]

1996년에 처음 선출되었을 때, 우리의 기본 생각은 포르투알레그리와 다르지 않았다. 고전적 자유민주주의를 넘어서고, 통치자와 피통치자의 거리를 극복하며, 시민을 정책의 수동적 객체가 아니라 정치적 의사 결정의 능동적 주체로 만들어 새로운 민주주의를 수립하는 것이었다.

그러나 주요 메커니즘은 같아도 여러 가지 차이점이 곧 나타났다. 포르투알레그리의 '약점을 수정하려는' 의도적인 시도는 아니었다. 외부의 것을 도입하거나 이식하지 말자는 것이 아니라, 주민의 토론과 결정으로 우리만의 PB를 만들자는 결심의 산물이었다. 차이는 주민 자체에서 비롯되며, 두 도시의 다른 현실과 사회운동의 역사를 반영한다.

예를 들면 주민은 PB 대표를 뽑는 선거에서 지리적 편향의 위험이 있음을 깨닫기 시작했다. 우리 지역은 아주 넓은 영역에 퍼져 있다. 이는 지역 총회가 열릴 때, 총회 장소에 가까운 마을은 많은 주민이 참석하기가 훨씬 더 쉽다는 의미다. 결과적으로 가까운 마을은 멀리 떨어진 마을보다 많은 대표자 수를 얻어 투자 분배를 결정할 때 불공평한 이점을 누릴 수 있었다. 그래서 이를 보완하는 메커니즘을 도입했다. 지역 총회에서 대표자 수가 실상에 비해 적을 수 있는 마을을 위해 지역 현장에 더 가까운 소지역 모임의 참가자 수를 고려해 그 수를 '보충'하는 것이다. 우리 메커니즘에는 이런 차이점이 몇 가지 있다.

주민의 우선순위에도 차이점이 있다. 우리가 취임했을 때, 카시아스두술의 보건 시설은 취약했다. 그래서 초기에는 보건이 항상 주민의 최우선 순위였다. 이제 보건 문제는 상당히 진척되었다. 현재 브라질에서 우리만큼 공공 의료 서비스를 갖춘 도시는 별로 없다. 이제 주요 우선순위는 도로포장이다. 포르투알레그리에서 진행된 PB와 비교하면 우선순위 변화가 거의 정반대인 셈이다.

PB에서 주민참여계획제도*로

현재는 9개 시 지역과 시 주변 시골을 포함하는 10번째 지역을 바탕으로, 시 전체를 위한 장기 계획 수립 과정과 통합하는 방법을 찾는 데 PB를 집중한다.

이는 자연스러운 진전이다. 주민은 자신이 사는 거리나 동네, 지역에 관련된 지역적인 요구 사항으로 시작하지만, 차츰 시 전체의 필요를 이해하는 쪽으로 나아간다. 그들은 예산의 내용을 이해하고 우선순위를 결정함으로써, 자신과 주변 사람이 바라는 도시를 만들어가는 설계자로 변모한다. 수직적이고 기술적인 계획에서 수평적이고 민주적인 계획으로 나아가기 위한 바탕을 마련한다.

지방정부의 역할은 분명 중요하다. 지방정부는 상시적 대화를 통해 공동체의 지식과 식견을 지속적으로 받아들이는 한편, 정보를 공유하고, 계획 과정을 조직하며, 기술·정무 직원을 활용해 문제를 분석하고 제안 사항을 만들어야 한다. 이는 지방정부와 공동체 양쪽 모두 이 과정에서 교사이자 학생[5]이라는 점을 이해한다는 의미다. 이는 전문가를 최고로 여기면서 그들이 정한 우선순위를 하향식('기술 관료의 수직적 계획 수립')으로 강요하는 종전의 권위주의적 발상과 단절한다는 의미다. 대신 우리는 '민주적·수평적 계획 수립'이라는 새로운 발상을 주장한다. 이것은 기술적 식견이 꼭 필요하지만, 변증법적 관계에서 주민의 지식과 손잡고 가는 방식이다.

---

* participatory planning은 '참여 계획'이나 '참여 기획'으로 번역할 수 있다. 여기서는 PB에 맞추기 위해 '주민참여계획제도'로 번역했다.

이론에서 실천으로

한 가지 당면한 문제는 중앙집권화다. 카시아스두술 시는 1875년 이탈리아 이민자를 남부 브라질에 정착시키기 위한 사업의 일환으로 세워졌는데, 중앙집권화는 시의 전체 역사를 아우르는 특징이다. 이는 시 토지의 점유와 사용 방식을 규제하는 법체계, 투자를 총괄하는 정책, 도로와 운송 시스템의 조직 등이 시의 역사적인 중심부를 중앙으로 삼았다는 뜻이다.*

세월이 흐르면서 브라질 내 도시 발전도 일반적으로 이렇게 진행되었다. 상당수 인구가 주변부로 내몰렸고, 도시는 상류층 시설을 누리는 소수와 기반 시설이 전무한 다수로 양분되었다. 하지만 최근에는 역사적인 중심부 역시 경제적·사회적 활력을 상당히 잃는 추세다. 상업 활동을 우선시한 까닭에 거주민이 밀려났고, 쇠락하고 활기가 사라진 공공장소는 점차 극빈층으로 채워졌다. 반면에 부자는 쇼핑몰, 사교 클럽, 회원제 콘도미니엄 같은 사적 공간에 은둔한다. 도시의 이런 역동적이고 혼란스러운 성장은 주변 시골 지역에도 압박이 된다.

1996년에 우리가 막 선출되기 전, 전임 행정부의 자치 기획부 도시 설계자들은 도시 발전을 위한 새로운 안내 지침을 제안했다. 우연히 그들은 전부 우리와 같은 PT 당원이었다. 그들은 일련의 공공 토론회에서 시민사회 조직과 이 제안을 토론하는 데 성공했

---

* 라틴아메리카의 도시 건설 특징 가운데 하나로, 광장 정면에 성당이 있고 성당 좌우로 행정기관이 자리 잡는 중앙집권적 전통을 의미한다. 이 광장을 중심으로 '중앙(centre)'이라고 부른다.

으며, 그 결과 새로운 도시계획을 위한 법률이 제정되었다. 여기서 토지 사용 구획, 토지 점유율 도입, 건축 제한 등 이 법안에 명시된 규정을 상세히 설명할 수는 없다. 하지만 주요 발상은 도시를 분권화하는 것이라고 말할 수 있다. 시는 9개 지역으로 구분되었고, 각 지역 중심부에는 미관을 위해 건축이 제한되었다. 주목적은 사적인 투자나 공공 부문의 개입으로 역사적인 중심부에서 진행하던 서비스와 활동을 각 지역 중심부에도 제공해, 상업적 기회를 민주화하고 사회적 유동성을 늘리는 데 있었다. 시 주변부 너머의 건축을 엄격히 규제해서, 시골 지역이 받는 압박을 완화하고 환경을 보호하는 목적도 있었다.

1997년 이후 카시아스두술에 PB를 도입하기 시작했을 때, 우리는 9개 도시계획 지역을 PB 지역 총회를 조직하는 토대로 이용하기로 했다. 지역주민생활조직은 우리 시의 공동체 조직이 갖춘 강한 전통을 바탕으로 경계선을 작성하는 데 도움을 주었다. 10번째 지역인 시골 지역은 시 주변의 전체 전원 지대를 포함하며, 총인구 37만 6000명 가운데 7.5퍼센트를 차지한다. 농업 노동자 조합이 역시 도움을 주었다.

동일한 지리적 단위를 바탕으로 도시계획과 PB를 결합시킨 목적은 거리와 동네의 지역적 요구를 모으고, 더 넓은 차원에서 지역 전체의 요구를 모으는 데 있었다. 이제는 PB 지역과 도시계획 영역을 공동의 영토 계획 단위로 세분화해서 이 결합을 심화하려고 한다. 이는 소지역 비슷한 것이 될 테고, 영토별 계획 과정에서 주민의 참여도를 높이는 것이 목표다.

지역을 바탕으로 투자를 결정하는 이 시스템은 전체 시를 위한 영역별 정책과 대형 사업에 대한 토론을 어렵게 만든다는 것이 주된 약점이다. 대표적인 예를 들면 주민이 보건·교육·위생 시설이나 도로포장을 우선순위로 정하는 경우, 주택에는 충분한 지출을 하지 못한다는 것이다.

지금까지는 시 행정부가 '거시 안내 지침'이라고 부르는 시 전체의 요구 사항과 우선순위를 PB 평의회에서 발표하는 정도였다. PB 평의회는 지역 총회에서 선출된 평의원으로 구성된다. 물론 우리가 PB 평의회 논쟁에서 이겨야 하지만, PB 평의회는 적절하다고 생각하면 우리의 제안을 변경할 수 있고, 변경한다. 그것은 중요한 민주적 진전이다. 우리는 동네의 모든 시민이 거시 안내 지침에 대해 토론하기를 원한다. 거기에 우리가 PB를 제안하는 목적이 있다.

이것은 아직 시작 단계다. 우리는 중·장기 우선순위를 토론하기 위해 광범위한 사회운동, 공동체 조직, 압력단체 등을 하나로 모으는 예행연습을 하는 중이다. 중·장기 우선순위는 시의 공공 공간이 어디에 자리 잡아야 하고, 무슨 용도로 쓰여야 하는지와 같은 것이다. 이는 PB를 건너뛰는 것이 아니라, 완전히 새로운 조언을 해서 제도의 질을 높이려는 발상이다. 주민이 PB 총회에 참석해 장기 과제와 포괄적인 쟁점 사안을 토론하고 결정하려면, 정보와 쟁점을 잘 알아야 한다. 그러면 PB 평의회가 장기 사업을 위해 올해 투자액에서 돈을 떼어놓을지 여부를 결정하는 대신, 주민이 직접 공동으로 결정할 수 있다.

우리는 포르투알레그리처럼 4개 주제별 총회도 도입하는 중이다. 이 총회에는 관심 있는 주민은 누구든지 와서 4개 특정 영역을 위한 거시 안내 지침을 토론하고 결정할 수 있다. 4개 영역은 사회통합, 경제개발, 도시 발전, 문화·체육·여가다. 주제별 총회는 결정한 사항을 PB 평의회에 제출할 것이다.

PB가 이런 식으로 발전하면, 시의 미래를 계획하기 위해 폭넓은 논의를 하는 주체가 지방정부와 기술 관료가 아니라 주민 전체가될 것이다. 지방정부는 성별, 인종, 나이, 성적 지향의 불평등을 극복하기 위해 분야를 넘나드는 정책 토론을 장려할 것이다.

물론 이곳처럼 PB가 역동적인 시 계획에 통합된다 하더라도, 그 자체가 사회 변화의 수단은 아니다. PB와 만연한 불평등과 불의의 모순은 심층적인 변화가 해결할 수 있다. 하지만 PB는 재원의 분배와 활용을 한층 효율적으로 만들고, 불평등을 극복하기 위한 핵심 사안을 다룬다. 바로 민주주의의 문제다. PB는 민주주의를 급진적으로 만든다. 민주주의를 급진적으로 만드는 것은 전술이 아니라 전략의 문제다. 그것은 우리가 어디에 도달하고 싶은지, 어떤 사회주의를 원하는지 다루는 근본적인 부분이다. PB가 민주주의를 급진적으로 만드는 한, 우리는 장기 목표의 핵심 요소에 관계하는 것이다.

6.

우비라탄 지 소자

PT가 포르투알레그리 시에서 집권한 지 거의 10년이
지난 1998년, 히우그란지두술 주지사 선거에서 승리했다. 포르투
알레그리의 첫 번째 PT 시장 올리비우 두트라가 히우그란지두술
의 첫 번째 PT 주지사가 되었다. 많은 사람들은 포르투알레그리
PB의 경험을 주 차원으로 옮기는 것은 불가능하다고 믿었다. 일
의 규모만 훨씬 더 커지는 것이 아니었다. 정실주의, 족벌주의, 부
패로 형성된 브라질 정계의 비민주적 전통이 수많은 소도시와 시
골 지역에 깊숙이 자리 잡았다. 인구 1000만 명이 넘는 히우그란지
두술 주가 대부분 이런 지역이었다. 선거는 심각하게 양분되었다.
2차 선거에서 PT는 50.78퍼센트 대 49.22퍼센트라는 근소한 차이
로 승리했다. 하지만 보수 이익 단체의 강력한 반대에도 히우그란
지두술 주의 PB는 성공적이라는 평가를 받았다. 이 장에서 우비라
탄 지 소자는 히우그란지두술 PB가 갖춘 주 차원의 특징적 요소와
브라질 연방 차원의 PB 발전 방안을 살펴본다.

올리비우 두트라가 1998~2002년 히우그란지두술 주지사를 지내며 주 차원에서 PB를 시행하는 데 성공하자, 중앙집권적 통제를 지지하는 우파 진영의 주장이 틀렸음이 드러났다. 우파는 PB가 소규모 지역이나 시 차원에서 적용이 가능하며, 주와 국가 차원은 경제적·정치적으로 복잡하기 때문에 불가능하다고 했다. 현실은 반대였다. 히우그란지두술은 282제곱킬로미터 면적에 497개 자치정부와 1000만이 넘는 인구를 거느린 주로, PB를 이런 광역 차원에서 시행하자 예산과 외부에서 공급받을 수 있는 잠재적 재원이 크게 늘어났다. 주정부가 소유한 공공 은행 바리술BARISUL이 존재하고 브라질개발은행BNDES과 브라질은행Bank of Brazil에서 신용을 제공한다는 것은 농업, 고용과 소득 증대, 지역 경제 발전 영역에서 히우그란지두술 PB가 논의하는 주요 사업을 위해 상당한 자금을 쓸 수 있다는 의미다.

광역 규모의 PB는 사회정책에 대한 법적 권한도 높았다. 주 전체에 영향을 미치는 사회정책에는 다음과 같은 것이 포함된다. 교통(소도시를 연결하는 주 고속도로의 포장, 다리 건설 등), 주택(시골 주택, 협동조합, 무단 점유 토지에 대한 증서 발급, 저비용 주택 등), 환경과 위생 시설, 범죄 예방, 교육(초·중학교의 주 연결망, 주립 대학 설립 등), 보건(지역·자치 공공 보건 사업 시행), 농업(토지개혁, 가족 농장, 시골 지역 빈곤 퇴치 등), 고용과 소득 증대(첫 번째 일자리 사업, 중소 상공업자 지원, 주민 경제의 협동과 연대, 지역 생산 시스템 지원 등), 에너지(시골 지역 조명, 발전·배전 확대 등), 사회 통합(최저임금과 시민 네트워크), 지역 경제 발전 등이다.

_ 향상된 광역-기초 관계

포르투알레그리 PB에서 지방정부가 주민과 직접 이어진다면, 히우그란지두술 PB에서는 주정부가 주민과 직접 이어질 뿐 아니라 지방정부와도 이어진다.

이는 주민의 참여와 통제에 따른 광역 지방정부와 기초 지방정부의 관계 향상 가능성을 활짝 열어놓는다. 주정부가 공적 사업에 재량껏 쓸 수 있는 자금은 지역과 시군구에 직접적으로 사용되거나 기초 지방정부와 협력에 사용된다.* 그 배정은 주 PB의 객관적 기준을 토대로 정한 우선순위에 따른다. 이 시스템은 포르투알레그리 PB에서 재원 분배를 결정하기 위해 사용한 시스템과 아주 비슷하다. 각 지역과 시군구의 재원 분배는 다음과 같은 기준을 토대로 결정된다. PB를 통해 결정된 지역별 · 주제별 우선순위, 지역의 총인구, 지역의 서비스 · 기반 시설이 부족한 정도.

주 차원의 더 넓은 지리적 규모와 공공 정책의 복잡성을 고려할 때, 주제별 · 영역별 평의회는 상당한 역할을 한다. 보건, 사회복지사업, 농업, 주택 등을 위한 자치 평의회는 PB 대의원과 함께 예산을 작성하고 집행하는 데 중요한 역할을 한다. 자치 평의회는 주정부에서 직접 이행하는 사업뿐만 아니라 지방정부와 협력하는 사

---

* 히우그란지두술에는 497개 자치정부가 있다. 자치정부는 우리의 기초 지방정부에 해당한다. 여기서는 편의상 자치정부를 우리의 시군구로 번역했다. 그러나 일반적으로 자치정부는 우리의 기초 지방정부보다 많은 자치권을 행사하며, 주정부에 예속되지 않는다. 브라질에는 약 5500개 자치정부가 있으며, 자치정부의 평균 인구는 3만 4000명 선이다.

업도 감시한다.

정실주의와 편파성, 부패로 얼룩진 전통적인 정치 관계는 주민이 통제하는 새로운 행정으로 넘어가고, 지역적 불평등과 싸우는 방향으로 나아간다. 그 결과 주와 시군구의 연방 협약이 강화되었으며, 주의 정치 문화가 변하고 있다.

그와 동시에 주 차원의 PB는 직접민주주의와 주민참여계획제도의 메커니즘을 만들었다. 이 메커니즘을 통해 히우그란지두술 주의 497개 시군구에 있는 주민은 PB 총회의 의사 결정에 참여할 수 있다. 총회에서 주민은 세 차례 투표로 희망 사항을 토론하고 주장할 수 있다. 첫 번째 투표는 경제적·사회적 발전, 고용과 소득 증대, 사회 통합 영역에서 세 가지 우선순위 주제와 사업에 투표한다. 두 번째 투표는 공공사업과 서비스에 관련된 세 가지 우선순위 주제와 요구 사항에 투표한다. 세 번째 투표는 참석자 20명당 대표 1명이라는 기준에 따라 총회에 참석한 사람 중에서 PB 대의원을 선출한다.

회의 결과는 새로 계발된 소프트웨어를 이용해 즉시 처리하고 발간할 수 있다. 결과는 지역과 주 전체에 걸쳐 수집·분석되며, 세부 예산을 작성할 때 계획 지표로 이용된다. 이와 함께 종전의 공공서비스, 기관의 계획에 따른 필요, 일반 경비에 지출될 주정부의 필요 재원을 처리할 때도 지표로 이용된다.

표 6.1 히우그란지두술 PB의 운영 방법, 1999~2002년

히우그란지두술의 전체 23개 지역과 497개 시군구 주민의 직접적 · 보편적 참여로 주 예산을 토론 · 결정 · 통제한다.

PB는 주 예산과 전체 정책을 토론하고 결정한다. PB는 우선순위를 결정하고, 예산을 작성하고, 예산 집행을 통제하는 행정제도다. 이 모든 것은 지역과 시군구 차원에서 주제별 · 영역별 평의회를 통해 주민 일반, PB 대의원과 평의원이 진행한다.

지역 총회는 안내 지침을 결정한다. 3월에 주의 23개 지역에서 개최된다. 시군구 지역에 사는 모든 주민의 직접 참여가 허용된다. 시군구 총회에서 주 전체에 영향을 미치는 개발계획, 공공사업과 서비스의 우선순위를 토론할 때 이용할 안내 지침을 토론하고 결정한다.

개발 주제에 대한 지역 총회 지역 안내 지침 총회와 동일한 시간 · 장소에서 개최되며, 시군구 지역에 사는 모든 주민의 직접 참여가 허용된다. 각 지역에서 주 전체에 영향을 미치는 개발 사업을 위한 주제별 우선순위를 토론하고 결정한다. 이 의사 결정 과정은 열린 시군구 총회에서 계속된다. 지역별 · 주제별 총회는 지역 대의원 총회에서 지역을 대표할 대의원도 선출한다(참가자 20명당 1명).

열린 시군구 총회 3월 20일~5월 31일에 497개 시군구에서 개최되며, 모든 주민의 직접 참여가 허용된다. 주민은 두 가지 우선순위에 대해 토론하고 투표한다. 첫째, 주 전체에 영향을 미치는 개발계획의 우선순위다. 둘째, 지역에서 요구하는 공공사업과 서비스의 우선순위다. 시군구 총회는 지역 대의원 총회 때 시군구에서 승인한 우선순위를 대변할 대의원도 선출한다(참가자 20명당 1명).

지역 대의원 총회 6월 말과 9월 초에 주의 23개 지역에서 개최된다. 시군구 총회와 주제별 총회에서 선출된 대의원이 참가한다. 대의원에게 주정부의 추정 세입과 주요 세출 항목(임금, 간접 · 관련 서비스, 투자, 부채 변제)이 제시된다. 대의원은 주 전체의 발전 사업, 지역의 공공사업과 서비스 요구 사항, 열린 총회에서 주민이 지정한 우선순위에 대한 모든 목록을 받는다. 대의원 총회는 PB의 전 과정을 조정하는 주 PB 평의회에서 지역을 대표할 평의원을 선출한다.

주 PB 평의회와 지역 대의원 총회 8~9월 PB 평의회 회의와 지역 대의원 총회에서 평의원과 대의원은 주정부와 함께 각 지역의 공공사업 · 서비스, 주 전체에 영향을 미치는 개발계획을 위한 요구 사항을 분류하고 조정한다. 이 과정은 추정 세입, 세출 주요 항목, 지역 간 재원 분배를 위해 승인된 기준(우선순위 주제, 인구 규모, 서비스와 기반 시설 지수)에 따라 진행된다. PB 평의회와 지역 대의원 총회는 전 과정을 통해 열린 총회에서 주민 투표로 정해진 우선순위 순서를 고려하고 존중해야 한다. 이런 방법에 따라 PB 평의회와 대의원 총회는 주 정부가 집행할 예산과 투자 · 서비스 계획을 작성하고 결정한다.

9월 15일까지 **예산 제안서가 주의회에 제출된다.** 주의회는 11월 30일까지 예산 제안서를 논의하고 승인해야 한다.

주의회에서 승인한 **예산과 투자 · 서비스 계획**은 법률이 되고, 이듬해 1월부터 12월 31일까지 유효하다.

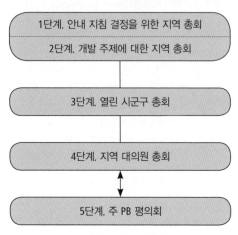

그림 6.1 히우그란지두술 PB의 5단계

표 6.2 히우그란지두술 주의 세부 정보

인구	10,170,000명	UN 인간 개발 지수		0.869
면적	282,000km²	유아 사망률		14.9/1000
시군구	497개	기대 수명	남성	74세
GDP	R$* 92조 8,610억		여성	79세
일반 예산	R$ 13조 2,450억	문맹률		7.19%

자료 : 브라질 지리 · 통계청

---

* 　브라질의 화폐단위는 헤알(Real)이며, 단위는 R$다.

표 6.3 히우그란지두술 PB 통계

항목	1999	2000	2001	2002
참가자(명)	188,528	281,926	378,340	333,040
선출 대의원(명)	8,460	13,987	18,601	16,145
열린 총회 개최(회)	644	670	735	775

참고 : 열린 공공 총회_ PB는 히우그란지두술에서 1999~2002년 공공 총회 2,824회 개최.
　　　참가자_ PB에는 4년 동안 주민 120만 명이 참여.
자료 : 히우그란지두술 예산 · 재정부와 공동체 관련 부

표 6.4 히우그란지두술 주민이 PB 과정에서 선택한 우선순위

	1999/2000	2000/2001	2001/2002	2002/2003
사업과 서비스				
1순위	농업	교육	교육	교육
2순위	교육	농업	보건	보건
3순위	보건	교통	교통	교통
개발 주제				
1순위	농업	농업	교육	농업
2순위	고용과 소득 증대	교육(주립 대학)	농업	고용과 소득 증대
3순위	교통	교통	고용과 소득 증대	교육

자료 : 히우그란지두술 예산 · 재정부

_ PB를 국가 차원에서 시행할 수 있는가?

브라질 전체를 위해 국가나 연방 차원에서 PB를 적용하지 못할 이
유는 전혀 없다. 경험을 바탕으로 몇 가지 주요 측면에 대해 말할
수 있다.

실현 가능성을 따지면, 브라질 전역에 걸친 PB는 사실상 더 쉬
울 수 있다. 사회적 · 경제적 개발 정책을 시행할 법적 권한이나
이용 가능한 재원이 더 커질 것이기 때문이다. 물론 국가 차원의
정책은 필연적으로 더 복잡하다. 따라서 전국 PB 총회에서 시민의
직접 참여로 우선순위 지역과 프로그램을 결정하는 것 외에, 계획
을 만들고 집행을 감시하는 부분에서 사회운동과 영역별 · 주제별
평의회에 상당한 역할을 부여해야 한다.

투자와 관련 서비스에 배정된 예산과 브라질개발은행, 브라질은
행, 연방저축은행에서 제공하는 신용을 고려해보면, 브라질 PB에
서 브라질 전인구의 토론과 결정으로 사회적 · 경제적 개발계획과
공공사업 · 서비스의 목록을 작성하는 데 아무런 문제가 없을 것이
다. 개발계획은 연방정부가 직접 시행하든, 주정부와 기초 지방정
부가 협력해서 시행하든 PB 대의원과 여러 주제별 · 영역별 평의
회의 통제 아래 기술적 · 법적 기준을 충족해야 할 것이다.

국가 차원의 PB에는 주민의 직접 참여 외에, 주와 시군구의 행
정부 같은 정치적 대리 기관이 포함된다. 이는 연방 협약을 강화한
다. 개발 정책과 공공사업 · 서비스를 위한 연방정부의 자체 재원
조달뿐만 아니라 지방정부와 협력하는 사업도 PB에서 주민이 참

여하는 철저한 검토를 받을 것이다. 그와 동시에 이런 사업은 지역 간 불균형을 바로잡고, 재원의 공정한 재분배를 위한 PB의 객관적 기준에 부합해야 할 것이다.

또 하나 주요한 문제는 브라질의 모든 주와 지역, 시군구의 공공 PB 총회에서 완전한 의사 결정권을 행사하는 주민의 참여가 보장되어야 한다는 데 있다. 이를 위한 직접민주주의와 주민참여계획제도의 방법론은 존재한다. 주민이 결정한 우선순위를 수집하고 분석하는 소프트웨어도 히우그란지두술 주에서 사용했다. 이런 것들이 브라질 국가 차원의 PB를 위한 출발점이 될 수 있다. 완벽한 청사진은 존재하지 않는다. 국가 PB 역시 시나 주 차원과 마찬가지로, 열린 변증법적 학습 과정이 될 것이다. 시민, 사회운동, 주제별·영역별 평의회, 정부는 다 함께 직접민주주의와 주민참여계획제도를 위한 새롭고 다양한 메커니즘을 지속적으로 만들어갈 것이다. 공공 총회에서 주민을 조직하고 동원하는 방법은 여전히 숙제로 남는다. 사회운동과 시민사회 조직뿐 아니라 주와 시군구도 연방정부와 합동으로 공공 총회를 알리고, 기반 시설을 마련하는 일에 책임을 져야 한다. 그렇게 되면 국가 PB는 출발부터 더 큰 자율성을 확보할 것이다. 우리는 이런 긍정적 경험을 히우그란지두술의 PB에서 보았다. 해당 시기에 보수적인 사법부는 주정부가 PB 공공 총회에 어떤 지원이나 기반 시설도 제공하지 못하도록 금지했다. 이에 대응해 PB 대의원, 시장, 대중조직, 주민 일반은 인상 깊은 자발적 활동으로 회의의 준비 작업을 책임졌다.

이 사건은 PB가 민주적 공공 통제와 계획을 확장하는 활동에 불과한 것이 아님을 보여주었다. PB는 시민 정신을 일깨우는 정치적 과정이기도 하다.

이 나라에서 사회적 배제에 대한 투쟁은 부의 분배를 변화시키는 동시에, 다양한 직접 참여로 주민이 공적인 문제를 관리하게 하는 공공 정책을 요구한다.

참여민주주의는 PT가 2001년 전당대회에서 승인한 통치강령안 내지침의 주요 부분이었다.[1] 그러나 민주주의에 대한 이런 접근 방식은 2002년 7월 대통령 선거 초기에 룰라와 PT 지도부가 제안한 통치 강령에서 희석되었다. 참여민주주의의 발상은 거부되지 않았지만, 이전처럼 중요성이 부각되지도 않았다.

룰라가 집권한 첫해에 이런 방향으로 일부 제한된 움직임이 있긴 했다. 정부의 다년 계획을 토론하기 위한 일련의 공청회가 열렸고, 일부 부처는 미래의 정책을 입안하는 데 사회운동과 시민사회 영역을 포함하기 시작했다. 이는 전임 정부와 비교하면 분명히 진전된 것이다. 하지만 룰라의 승리가 이끌어낸 수백만 브라질 시민의 거대한 에너지와 열정을 허비하지 않고 활용하기에는 턱없이 부족했다.

연방 예산에 대한 브라질 주민의 공개적이고 직접적인 토론인 국가 PB는 민주적 혁명을 진전시키고 대안적 발전 방안을 만드는데 중요한 단계 중 하나다. 연방 예산이라는 블랙박스를 열면 국가와 사회의 관계가 보이고, 공정 과세와 지출의 관점에서 정치적 선택을 이해할 수 있다. 어째서 예산이 대부분 공공 부채의 원리금을 갚는 데 들어가고, 사회적 지출은 극도로 제한되는지 알 수 있다.

브라질과 IMF의 협약에 예산 흑자 목표를 보장한다는 내용이 왜 포함되었는지 그 속뜻도 파악할 수 있다.[2]

룰라 대통령은 축구 비유를 들어 "국민은 관중석에 구경꾼으로 있지 말고 경기장 안에 들어와 정부와 함께 뛰어야 한다"고 말한 적이 있다. 옳은 말이다. 우리의 과제, 즉 PT의 과제가 앞으로 나아가려면 사회운동과 시민 일반이 정부를 지지하고 나라를 바꾸기 위한 대투쟁 속으로 들어가야 한다.

현재 국가 차원의 PB에 대한 요구는 PT 정부가 취한 방향을 바꾸기 위한 투쟁의 핵심적인 부분이다.

주민참여예산제도의 의미

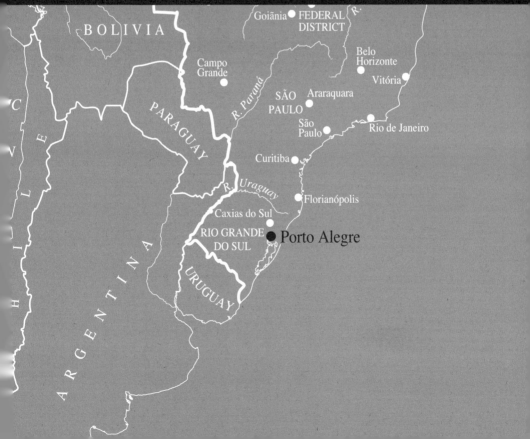

7.

하울 폰트[2]

　　포르투알레그리 PB의 경험을 분석하려면 기억해야
할 것이 있다. 우리가 1988년 지방정부 선거에서 승리할 당시 PB
가 정당 강령에 포함되긴 했지만, 여전히 아주 모호한 발상에 머물
렀다는 것이다. 브라질에서는 주민 참여와 민주주의의 모델로 삼
을 만한 구체적 사례가 전혀 없었다. 우리는 대의민주주의를 넘어
서자는 다짐을 했고, 정치적 의지도 있었다. 하지만 그것은 우선
배움의 과정이 될 것이며, 참가자인 포르투알레그리 시민이 우리
와 함께 적극적인 역할을 해야 실현이 가능하리라는 것을 알았다.

　우리는 정치권력이 중앙에 고도로 집중된 나라에서 그 같은 지
방의 실험에 한계가 있다는 것 역시 알았다. 그럼에도 민주화, 투
명성과 행정 효율성이라는 전술적 관점, 우선순위의 변경, 국가와
사회의 새로운 관계, 새로운 사회적 행위자들의 우위라는 전략적
관점에서 보면 우리 정부는 어떻게든 참여민주주의를 발전시켜야
할 필요가 있었다. 우리에게 주민 참여를 찾아 나설 용기를 준 것

은 법적 근거와 선거 승리로 얻은 정당성이다.

1988년에 채택된 브라질 헌법[3] 1장은 '모든 권력은 국민에게서 나오며, 국민은 이 권력을 헌법에 따라 의원을 통하거나 직접적으로 행사한다'고 규정했다. 새 헌법은 이렇게 브라질에서 처음으로 국민주권의 직접 행사라는 발상을 포함했다.

이는 '모든 권력은 국민에게서 나온다'는 현대 국가의 고전적 표현을 반복하는 것이기도 했다. 이 개념은 브라질의 공화국 역사를 통해 이론으로 존재했으나 실제 정치에서는 실현된 적이 거의 없었고, 배타적인 소수 독재 정부와 군부독재가 오랫동안 이어진 지난 세기에도 그랬다.

브라질이 국민주권의 직접 행사에 대해 진보된 언급을 하는 현대 헌법 국가 이론과 매우 비민주적인 현실 사이에서 모순을 내포한다는 사실은 세계 다른 나라의 상황과 별반 다르지 않다.

세계 최초의 헌법 체제를 지배한 자유주의자들은 사회적 권리 획득에는 결코 많은 관심을 보이지 않았다. 유권자의 규모를 제한하는 재산 자격, 여성이 투표권을 행사하지 못한 사실, 반자본주의 정당의 길에 놓인 암묵적이고 명시적인 장애물과 금지 사항은 자유주의 정치체제에 소수 독재와 엘리트주의의 특징을 부여했다.

이런 상황은 다른 나라와 마찬가지로 브라질에서도 4세기 동안 농장 노예 문화, 정실주의와 온정주의, 노동권 거부와 장기 독재로 악화되었다. 때문에 민주적 투쟁과 성과의 발전은 결코 간단한 과정이 아니었다. 그것은 늘 갈등과 모순으로 얼룩졌으며, 자유주의의 기원에서도 마찬가지였다.

예컨대 장 자크 루소의 '평등주의' 사상은 존 로크John Locke의 '소유' '사유재산' 사상에 다양한 사회적 관심을 나타냈고, 자본주의국가가 출현할 때 갖가지 경향을 낳았다. 두 사상은 자유주의적 사고의 근본인 자연법에서 시작되었지만, 루소에게 자유사상은 평등과 분리할 수 없는 인간의 조건이었다. 이와 달리 로크의 '소유적 개인주의' 개념은 자유에 대한 권리가 소유권의 토대이며, 의회의 최고 권력을 통해 재산을 보호하는 것이 국가의 임무라고 간주했다.

요점은 이론적 유희를 즐기는 데 있는 것이 아니라 권력 위임에 관한 논쟁의 기원을 살피는 데 있다. 이는 새로운 논쟁이 아니며, 역사적으로 다양한 이론적·사상적 설명을 통해 사회적 관심이 뚜렷하게 표현되었다는 것을 이해할 필요가 있다. 그 설명은 오늘날에도 인류의 정치적 미래에 각기 다른 영향을 미친다.

'권력은 국민에게서 나온다'는 브라질의 1988년 헌법을 더 급진적으로 이해하려면 루소의 주장을 살펴봐야 한다. 루소는 정치적 사회계약이 체결되고 정부가 합의되기 전에, '인민이 인민인'* 때가 있다고 주장했다. 여기서 '때'란 기본적 합의이며, 나중에 공유나 이전 혹은 위임할 수 없는 원래의 주권을 말한다.

이 사상은 우리 주변의 현실과 별 상관이 없었음에도 자유주의

---

* people은 '국민' '인민' '사람들'로 번역된다. 여기서는 루소의 평등주의 사상에 가장 가까운 용어라고 할 수 있는 '인민'으로 번역했다. '권력은 국민에게서 나온다'는 헌법 조문과 '국민주권'에서 '국민'은 '인민'으로 번역되는 것이 루소의 사상에 더 가깝다고 볼 수 있다. 1948년 9월 북한이 조선민주주의인민공화국을 출범시키고, 조선민주주의인민공화국 인민민주주의헌법을 제정함에 따라 우리는 인민이라는 말에 대응하기 위해 헌법에 일본어인 국민을 사용했다. 이런 이유로 헌법 개정 논의에서 국민 대신 '모든 사람' 혹은 '사람'을 사용하자는 주장이 나온다.

틀 안에서 민주적 진보를 향한 큰 도전을 가리켰다. 국민주권을 어떻게 유지할 수 있는가? 국민주권을 유지하기 위해 권력의 위임을 어떻게 통제하고 줄일 수 있는가? 이 질문은 오늘날 우리에게 끊임없이 도전한다.

주류 자유주의는 대의제를 초래했으나, 모든 것은 '소유적 개인주의'의 이상에 기반을 두었다. 투표로 의회에 권력을 위임하고 행정과 입법 기능을 통합한 입헌군주제와 공화국이 그렇다. 행정과 입법의 권력이 분리되고 별도의 선거를 치르는 대통령제 공화국도 해당한다.

역사적 과정은 자유주의가 민주주의와 동의어가 아니며, 한 번도 동의어인 적이 없었음을 선명하게 보여준다. 19~20세기에 노동조합 결성, 정당 창당, 보통선거에 대한 권리는 근로시간 단축과 근로조건 향상을 위한 투쟁과 마찬가지로 어렵사리 얻은 성과다. 이런 사회 개혁주의는 20세기 중반 포퓰리즘 시기 동안 유럽 복지국가와 브라질의 노동보호를 뒷받침했다.

새로운 모순과 계급 관계는 세계와 사회, 국가의 관계를 새롭게 바라보는 정치적 발상을 낳았다. 사회주의사상, 특히 마르크스주의 사상은 자유주의 개념을 비판했다. 국가는 계급적 특징이 있고, 생산 영역을 지배하는 이해관계에 종속된다고 주장했다. 이런 상태의 법 안에서 평등은 사회에 존재하는 진정한 사회적 불평등을 은폐하기 위한 형식적·법률적 평등에 불과하다고도 했다.

마르크스주의 사상은 사회주의국가 개념을 개발하지도 않은 채 파리코뮌 같은 구체적인 경험을 해석하고, 국가와 사회의 새로운 관계에 대한 교훈을 배우려고 했다.

파리코뮌의 짧은 경험과 러시아혁명 초기의 평의회 혹은 소비에 트를 기반으로 한 다양한 경험은 대의제와 권력 위임에 의문을 불러일으켰다. 그리고 형식적 · 법률적 평등을 넘어, 자유주의적 의회 대표제라는 고전적 체제로 묘사되는 정치권력과 다수 주민의 간극을 메우려 했다.

평의회 혹은 소비에트는 어느 정도 대표제를 유지하면서, 생산자나 노동자가 일터와 공동체 기반의 구조를 통해 지방, 지역, 연방 평의회에서 입법자의 역할도 할 수 있도록 보장하려 했다.

하지만 소비에트 경험은 러시아 내전과 1920년대 소비에트연방의 내부 투쟁에 만연한 관료적 권위주의를 버티지 못했다. 생산수단의 국유화에도 중앙집권, 유일 정당, 권위주의와 관료주의가 새로운 사회주의적 민주주의의 가능성을 서서히 제거했다.

동유럽과 중국, 그보다 작은 단위의 사례를 보면 '현존 사회주의'는 20세기 내내 좌파의 이런 논쟁을 억눌렀다. 민주주의는 사회주의와 분리될 수 없음에도 대다수 공산당 강령에서 전략적 요소가 되지 못했고, 당장의 전술적 이익 앞에서 뒷전으로 밀렸다.

사회민주주의 정당과 자유주의적 부르주아 민주주의 체제가 우위를 지키면서, 대의민주주의를 인류의 정치적 업적의 정점으로 바라보는 인식이 강해졌다.

하지만 대다수 자유민주주의에서 대의제는 현재 정당성의 위기를 겪는다. 정당성의 위기는 기권, 무관심, 낮은 정치적 · 사회적 참여로 나타난다. 최근 들어 그 위기가 악화된다는 사실은 선진 자본주의국가가 복지국가의 개혁과 발전을 유지하는 데 어려움을 겪는 것을 보면 알 수 있다.

개발도상국에서 정당성이 늘 부족한 부분적 원인은 독재주의와 권위주의 포퓰리즘에 자주 의존하기 때문이었다. 하지만 주원인은 이들 나라를 괴롭히는 치명적인 사회적·지역적 불평등을 정부와 시스템이 조금도 해결하지 못하기 때문이다.

정당성이 부족한 원인은 정부와 의회에서 갈수록 커지는 관료주의와 엘리트주의 특성에도 존재한다. 대의제를 지리적 기준의 선출 방식으로 왜곡해, 주민 참여를 가로막고 소수를 위한 비례대표의 권리를 무시하는 선거제도 역시 마찬가지다. 정치 공약이 점점 더 공허해지고, 선출된 인사들이 약속을 지키지 않는다는 사실도 정당성을 약화한다. 브라질에서는 선출된 정치인이 권한을 유지한 채 당을 옮겨 다닐 수 있기 때문에 이런 현실이 두드러진다.

라틴아메리카, 특히 브라질에는 유럽이나 대도시가 발달한 자본주의국가에서 찾아볼 수 없는 원인이 하나 더 있다. 바로 급속한 인구 증가와 맹렬한 도시화다. 30년 전 브라질의 인구는 9000만 명이었다. 한 세대 뒤인 2001년에는 1억 7000만 명으로 곱절 가까이 늘었다. 50년 전에는 인구의 3분의 2가 시골에 살았으나, 오늘날은 인구의 80퍼센트가 도시에 산다.

이런 과정은 브라질의 정치적 지형을 엄청나게 바꿔놓았다. 수많은 사람이 도시에서 살아남으려면 도로와 하수, 의료, 교육, 주택 같은 기본적인 서비스가 필요하다. 이를 얻기 위한 투쟁이 사람들의 행동을 변화시켰으며, 지방정부의 역할과 지방정부에 대한 요구 사항도 근본적으로 달라졌다.

그러나 지난 15년 동안 브라질 중앙정부는 사회 현실이 요구하는 바와 정반대로 나아갔다. 신자유주의 이론과 실천은 국가의 사회적 기능을 줄이고, 필수 공공서비스를 민영화하며, 무역 개방을 타율적으로 받아들이고, 세계적 대기업과 은행에 이윤 송금과 채무 지불을 허용하는 것이야말로 저개발의 탈출구라고 내비쳤다. 이는 금융 투기를 지지하고 노동자를 대량 해고하라는 의미다. 다시 말해 주민의 가장 기본적인 필요는 갈수록 무시당한다.

당연히 주민은 지방정부에 더 많은 것을 요구했다. 지방정부는 국가가 그에 상응한 세입을 분배해주지 않는 상황에서 더 많은 공공서비스를 책임지고 더 무거운 부담을 지기 시작했다. 현재 브라질 전체 세수의 14퍼센트는 자치정부에, 63퍼센트는 연방정부에 돌아간다. 나머지 23퍼센트는 교육과 보건, 치안을 책임지는 주정부에 돌아간다.

이런 맥락에서 포르투알레그리 PB의 12년 경험이 갖는 의미와 중요성을 이해할 수 있다. 우리는 지방 활동의 한계를 자각했고, 이 나라를 새로운 세계 구상의 일부로 바라보는 더 큰 과제에 지방 활동을 포함해야 할 필요성을 깨달았다. 하지만 지방정부 차원에서 조치를 취하기 전에 사회주의 운동의 모든 이론적·전략적 문제가 해결되기를 팔짱 끼고 기다릴 수는 없었다.

지방정부와 대중운동의 협력은 신자유주의 기류에 반대하는 풍부한 참여 경험을 낳았다. 1988년 PT와 대중단체 선거연합이 거둔 승리는 지난 10년간 당이 성장하고 사회운동이 투쟁한 결과다. 그

바탕에는 노동자계급의 실제 이익에 충실한 강령이 있었고, 우리는 그로 인해 지방정부의 우선순위를 새롭게 수립했다. 가장 중요한 측면은 주민 참여가 우선순위의 역전으로 이어진 것이다.

재원의 지출과 투자가 공공의 필요에 부합하도록 보장하는 가장 좋은 방법은 의사 결정 과정을 근본적으로 바꾸는 것이다. 지역별·주제별 회의를 통해 조직된 PB는 누구나 직접 참여할 수 있고 의사 결정 권한이 있기 때문에, 주민이 지방정부에 직접적 통제력을 행사하도록 만드는 핵심 요소가 되었다. 자치의회는 시의 각 영역을 다루는 자문기관이지만 거의 기능하지 못했다. 이런 의회도 공공 정책을 토론하고 결정하는 중요한 토론장으로 변했다.[4]

지난 12년간, 그리고 PT와 그 연합이 또 한 번 취임한 지금,[5] 진정한 혁명은 공공 지출에서 일어났다. 첫해에 1000명 미만에서 마지막 2년에 2만 명으로 증가한 주민 참여의 결과에 따라, 지방정부의 지출과 투자는 오로지 주민이 결정한 우선순위에 사용되었다. 이것을 가장 잘 보여주는 것이 첫해와 마지막 몇 년 동안 보건, 사회적 지원, 주택에 지출된 금액이다.

1989~1990년에는 현재 가치로 9100만 헤알(예산의 23퍼센트)이 이들 부문에 지출되었다. 1999~2000년에는 3억 6000만 헤알 이상으로 늘어, 예산의 37퍼센트를 차지했다. 10년 사이에 사회적 지출이 4배나 증가한 것이다. 이런 증가율은 예산 증가율보다 높으며, 주민의 참여와 의사 결정이 핵심적이었다. 예산은 같은 기간 2배 이상 증가했는데, 세금 우대 조치와 혜택을 폐지하고 누진세와 사회정의에 바탕을 둔 새로운 법규를 시행한 결과다.

자치의회는 아동과 청소년, 의료, 교육 같은 분야에서 정책을 바꾸려고 애썼고, 시설 확보뿐 아니라 공동체 조직과 합의한 협업에서도 양적·질적 변화를 달성했다. 예를 들면 우리는 두 번째 임기 중반까지 아동과 청소년을 돌보는 공동체 단체에 대한 계획이 거의 없었다. 오늘날은 160개가 넘는 공동체 기관이 공적 자금을 받아 놀이방과 다양한 지원 서비스를 운영하면서 아동과 청소년을 돕는다. 이 모든 것이 주민의 결정에 따른 것이다. 의료 시설이나 자치 교육제도 역시 이와 유사하다. 포르투알레그리는 브라질에서 문맹률이 가장 낮은 주도가 되었다.

　지난 12년의 경험은 신자유주의와 대립에서 핵심은 민주주의의 문제임을 가르쳐준다. 참여민주주의의 동원과 계몽 능력은 주민이 국가를 이해하고 통제할 수 있게 해준다. 참여민주주의는 미래의 정치적 투쟁을 위한 실습이기도 하다.

　이 경험은 대의제의 한계를 다시 한 번 지적한다. 참여민주주의를 세우고, 대의제에서 굳어진 권력 위임과 관료주의를 줄이는 일이 얼마나 중요한지 일깨운다. 그것이 PB의 많은 특징이 중요한 평가 기준이 되는 이유다.

　그 특징은 첫째, 시의 주제별·지역별 구조를 통한 직접적이고 보편적인 주민의 참여다. 둘째, 직접적인 행동이다. 즉 함께 모여 집단적으로 토론하고 배우고 결정하며, 회의를 조직하고 요구 사항의 우선순위를 정하는 시민 정신의 직접적인 발휘다. 셋째, 주민의 자기 조직화다. 주민의 자발성, 창의성, 참여가 자치의회에서 제정한 법에 제한받거나 종속되어서는 안 된다는 발상이다.

우리는 보수파 의원들에 맞서 이런 원리를 옹호한다. 그들은 소송을 제기해 PB가 불법적이며 대의제 전통에 위배된다는 선고를 받아내려 한 적도 있다. 그들은 주민이 자신들이 참여하기 위한 자체 규정을 만들고, 참여자의 판단에 따라 규정이 바뀔 수도 있다는 것을 받아들이지 못한다.

PB의 자체 내부 규정은 12년 동안 발전과 개선을 거듭해왔다. 이는 주민이 참여와 결정을 통해 더 공정하고 객관적이며, 빈곤층과 연대를 강화하는 규정을 만들 수 있다는 것을 보여준다. 그 결과는 공공 지출을 결정하는 훨씬 더 민주적인 방법이다.

오늘날 세계에서 개발도상국은 갈수록 국가 주권을 잃는다. WTO, IMF, 세계은행과 같은 국제기구는 제국주의적 기업과 정부 기술 관료의 도구다. 이런 기구에 대해 주민은 투표권을 행사하지도, 영향력을 미치지도 못한다. 국민과 개별 시민의 주권은 지방과 지역 권력의 영역에 점점 더 국한된다.

지방과 개인의 주권에 근거한 경험을 옹호하고 발전시킴으로써 이런 현실에 저항하는 것은 우리의 힘을 기르고, 민주적 투쟁을 촉진하며, 대다수 주민이 공유한 물적 이익을 지키는 길이다.

이것은 서비스와 시설에 대한 수백만 주민의 요구를 다뤄야 하는 대규모 도심지의 추세다. 이 문제는 시민의 참여를 통해, 서비스와 투자에 대한 지방과 지역의 통제를 통해 해결되어야 한다.

우리가 히우그란지두술 선거에서 거둔 승리는 이 경험을 주 전체로 확대해, 500개 자치정부와 연합하면서 주 예산과 투자 계획을 작성하고 결정할 수 있게 해주었다. 이런 바탕에서 PB와 참여민주주의의 경험은 다시 한 번 민주주의에 대한 인류의 역사적 논쟁을 불러일으킨다. 하지만 이번에는 새로운 문턱에서 출발한다. 현대의 통신과 정보 기술은 거대하고 새로운 가능성을 열어놓았다. 사회주의자 입장에서도 민주주의의 문제는 이제 관료주의적 악과 권위주의적 쇠사슬이라는 동유럽의 경험에서 벗어났다.

신자유주의는 배제와 착취, 권위주의라는 특성 때문에 민주주의나 주민 주권과 양립할 수 없다. 브라질에서 대통령이 선언할 수 있는 임시 조치[6]는 국회라는 대의제를 우스꽝스러운 존재로 바꿔놓았다. 이는 국민주권과 정치적 정당성의 상실만 가중한다. 우리가 포르투알레그리에서 지난 12년 동안 일구었고, 주민 투표로 또 다른 4년을 확정한 참여민주주의는 이제 브라질 전역의 200개가 넘는 자치정부에서 재현된다.

PB가 나라의 모든 문제에 답하지는 못한다. 자치적 · 지역적 범위는 한계다. 그럼에도 PB는 포르투알레그리처럼 다음과 같은 목표를 위한 정책을 펼치는 것이 가능함을 보여준다. 사회 통합, 실업 해소, 인플레이션에 따른 격월 임금 인상, 민주적 통제 속에 흑자를 내는 공공서비스 관리, 해고 없는 균형 예산, 도덕적 정직성은 있고 부패는 없는 절대적 투명성, 무엇보다 시의 공공 정책 설계와 결정에 대한 주민의 높은 참여 수준이 바로 그것이다.

국제 지방정부 네트워크, 참여민주주의 국제 세미나, WSF와 연대는 우리가 혼자가 아님을 보여주었다. 많은 사람이 대안 세계가 가능하다고 믿는다. 이제 대안 세계를 건설할 때가 되었다.

8.

**지방정부와
사회주의 투쟁에
관한 논제[1]**

하울 폰트

신자유주의적 세계화에 저항하는 각 대륙 시민은 1회 WSF에서 다양한 경험을 공유했다. 포르투알레그리는 발상과 정보를 교환하는 거대한 장이 되었다. 우리의 투쟁은 비록 지역적이고 고립되었지만, 세계 각지의 투쟁과 그 목적이 다르지 않았다.

우리가 혼자가 아니라는 확신은 어느 때보다 분명해졌다. 국가적·사회적 착취에 대한 투쟁, 인종차별과 성차별에 대한 투쟁은 우리와 공통분모가 있었다. 자연 파괴와 물질주의적 발전을 비판하는 환경보호 투쟁, 실업과 사회적 배제에 맞서는 투쟁, 아동과 청소년 보호를 위한 투쟁도 마찬가지다.

이런 정체성의 공유는 신자유주의적 세계화에 대항해 각기 다른 차원에서 벌어지는 싸움이, 그 목적과 영향을 고려할 때 어느 때보다 큰 통합을 필요로 한다는 이해에서 비롯된다.

한 가지 예가 개발도상국에서 벌어지는 외채 지불 반대 운동이다. 이 투쟁에 집중하는 국제적 활동은 그리 많지 않다. 하지만 그 지지자와 활동가들의 네트워크는 수십 개국에 걸쳐 있고, 각 나라에서도 지역적으로 보면 그 수가 더 늘어난다. 그들은 다 같이 외채 지불에 반대하고, 정보를 공유하며, 시위를 조직한다.

라틴아메리카와 카리브해를 중심으로 열리는 상파울루포럼Foro de São Paulo, FSP도 있다. 10년 넘게 해마다 열리는 FSP는 정당과 단체, 운동 조직이 모여 상대에 대해 알고, 정보와 경험을 교환하며, 발의와 공동 행동에 합의하는 기회로 삼는다. 이런 모임의 정체성, 연대성, 자신감은 미래의 행동과 결단을 준비하고 우리의 투쟁을 하나로 모으기 위한 필수 요소다.

2회 WSF는 이런 과정을 이어나가야 한다. 우리는 얼마나 많은 공통점이 있는지 확인했다. 우리의 활동은 함께하고 비교하면서 더 강해진다. 활동가들은 서로 북돋우고 앞으로 나아갈 새로운 길을 발견한다.

우리의 주제별 그룹[2]은 대의민주주의라는 고전적 제도가 위기에 처했다는 맥락에서 사회와 국가의 관계를 토론한다.

여기서 지방 권력의 문제가 특히 중요해진다. 신자유주의에 반대하는 정당과 사회운동은 세계 각국에서 지방정부의 권력을 쟁취한다. 물론 지방정부의 중요성이 다르지 않지만, 지방정부의 권력을 쟁취하는 것은 유럽과 라틴아메리카에 큰 차이가 있다. 유럽은 법적·사회적·정치적 체제가 훨씬 더 뿌리 깊고, 지역의 정당 경쟁이 전국 정치 상황에 따라 한결 더 분명하게 결정된다. 그러나 라틴아메리카에서는 민주적 대중 세력과 공동체 조직, 원주민, 노동조합, 청년 단체 같은 사회운동이 지방정부의 다양한 승리를 가져오는 추세다. 이런 경험은 전통적 정당이 지배하는 국가적 정치 체제를 넘어선다.

이런 경험은 포르투알레그리가 중요한 몫을 하는 가운데, 많은 나라와 대륙으로 퍼져나간다. 오늘날에는 수많은 자치정부가 원주민 공동체를 비롯한 정당과 전위적 · 대중적 운동에 따라 운영되며, 그로 인해 자치정부가 시행하는 공공 정책은 또 다른 의미가 있다.

그런 지방정부는 의사 결정 과정에 지역공동체를 직접 참여시키고, 신자유주의와 반대되는 정책을 실행한다.

이 장의 목적은 브라질을 비롯해 우리가 방문하고 지켜본 라틴아메리카와 카리브해, 유럽 국가의 경험에서 그 핵심적 특징을 찾아 일련의 논제로 요약하는 것이다. 이것이 우리의 다양한 사회적 실천을 반영하고, 신자유주의적 자본주의사회를 넘어서려는 WSF의 노력에 도움이 되기를 바란다.

_ 논제 I

지방정부는 다양한 메커니즘을 통해 참여민주주의의 경험을 제공한다. PB, 자치 평의회, 도시 의회, 지역별 · 영역별 포럼, 마을 위원회, 교구 단체까지 포함하는 이 메커니즘은 고전적 대의제가 필수 불가결하다거나 영원불변하다는 사고에 도전한다.

직접 · 참여민주주의와 주민이 의사를 결정하는 주권은 시민권의 고전적 개념을 넘어선다. 시민권의 고전적 개념에서는 투표에 따른 위임 형식으로 정부와 국회의원, 소속 정당에 의사를 결정하는 권한을 이양하지만, 시민의 뜻이 제대로 이행되리라는 보장은 없다. 미국의 조지 부시George W. Bush 대통령 선거와 2001년 말 아르헨티나 선거는 기권과 무효투표가 유권자의 절반이 넘어, 그 제도가 얼마나 정당성을 잃었는지 보여주었다. 직접적인 주민의 참여와 주권은 주민과 정부 사이에서 지금까지와 다른 관계를 가능하게 만든다. 또 주민의 의식을 일깨우고, 사회와 국가의 새로운 관계를 말하는 해묵은 논쟁을 긍정적으로 되살린다.

예산의 세부 사항과 시의 다양한 개발계획을 이해하고, 그 예산과 계획을 작성하고 변경하는 기회를 행사하며, 무엇보다 예산을 어떻게 써야 하는지 직접 결정하는 주권을 얻으면, 평범한 개인이라고 해도 부르주아 민주주의가 설정해놓은 시민권의 한계를 뛰어넘을 수 있다. 그들은 관료주의를 줄이고 최소한의 권력만 위임해서 공공 영역을 인수하고, 참되고 실질적인 민주주의의 과제를 위해 싸울 준비가 되었다.

_ 논제 II

권위주의적 중앙집권, 법령에 따라 입법권을 행사하는 정부, 연방제의 약화, 노동 현장을 잠식하는 독재적 자본 권력에서 보듯, 민주주의의 문제는 신자유주의적 자본주의국가와 그 국민 사이에서 갈수록 뚜렷한 모순의 원천이 된다. 민주주의의 문제는 사회주의 전환을 위한 그 어떤 과제에서도 핵심 전략 요소가 되었다.

사회주의자에게 이 문제는 민족주의 문제와 더불어 실천상의 커다란 도전이다. 두 가지 문제 모두 주민을 동원하는 거대한 힘이 있고, 우리가 옹호하는 전략적 과제의 필수 요소다. 우리는 참여민주주의의 경험이 '불법적'이라거나 '고전적 대의민주주의에 반한다'는 보수 진영의 주장을 받아들일 수 없다. 이는 국회와 지방의회의 보수파 의원들이 포르투알레그리와 히우그란지두술의 PB를 상대로 법적 조치를 취할 때 내놓은 주장이다. 직접·참여민주주의의 경험은 브라질 헌법과 다양한 자치 헌장뿐 아니라, '권력은 국민에게서 나온다'는 첫째 원칙을 내포한 현대 헌법 이론에 비춰봐도 합법적이며 정당하다.

법적 장애물이 있는 나라라고 해도, 주권은 국민에게서 나온다는 사상과 대의제를 넘어서려는 정당한 시도를 위해 일어서야 한다. 그런 시도는 장려하고, 발전시키고, 강화해야 한다. 여러 나라에서 검토를 거친 참여민주주의의 경험은 우리의 이론적·실천적 사고에 통합되어야 할 필요가 있다. 그래야 정치적 투쟁의 무대를 지방정부에서 중앙정부로 옮겨 갈 수 있다.

_ 논제 III

자주적이고 조직적인 주민의 참여를 이끌어내고 발전시키려 한다면 지방정부의 경험이 필수적이다. 노동자와 생산자가 공동체와 노동조합, 기타 영역에서 함께 자주적 관리를 해나가지 않으면 민주적 사회주의의 과제는 있을 수 없다. 일부 나라에서는 원주민 공동체 조직이 다시 나타나 지방정부를 조직하는 매개체가 된다.

민주적 사회주의의 과제는 현재 지배적 지위에 있는 대의제에서 독립하는 것이 필수적이다. 주민이 공공 정책과 예산을 토론하고 결정하는 것은 실제적인 정치교육이며, 이는 자기 조직화의 근본이 된다.

이것이 우리가 PB나 참여민주주의의 원리를 강하게 옹호하는 이유다. PB 혹은 다른 형태의 참여민주주의라도 그 절차상의 규정은 참여자가 직접 작성해야 하고, 참여자가 언제든지 바꿀 수 있어야 하며, 지방의회나 주의회의 입법 표결에 의존해서는 안 된다.

_ 논제 IV

인구 증가와 급속한 도시화는 (특히 라틴아메리카에서) 자치정부가 대다수 주민을 위해 더 많은 책임과 서비스를 떠맡아야 한다는 의미다. 주택, 위생 시설, 의료, 교육, 사회복지 등은 아무리 전능한 중앙정부라고 해도 운영할 수 없는 영역이다. 이것은 한 번도 온전히 충족된 적이 없는 역사적 권리이자, 신자유주의적 자본주의가 축소하는 서비스다. 대다수 중앙정부는 그 책임을 간단히 저버리고, 지방정부는 세금 증액도 받지 못한 채 뒷수습해야 한다.

지방정부는 계획을 수립할 때 이런 영역을 우선순위에 둬야 하지만, 가장 중요한 것은 그 우선순위의 결정 권한을 주민에게 이양하고, PB와 자치 평의회 같은 장치의 독립성을 늘 보장해야 한다는 점이다.

우리의 도전은 오늘날 브라질 자치정부에 국가 총 세입의 14퍼센트만 돌아온다 하더라도 지방정부의 책임을 회피하지 않는 것이다. 다른 라틴아메리카 국가들은 중앙집권적 성격이 강하고 연방제 성격이 약하기 때문에 상황은 비슷하거나 더 열악하다.

우리의 투쟁은 주민의 요구를 활용하고 지방정부의 역할을 옹호하는 것이어야 한다. 지방정부는 더 많은 세금 분배와 새로운 연방을 위해 싸워야 한다. 기초 지방정부, 광역 지방정부, 주정부의 정치적 · 재정적 독립이 강화된 새로운 연방 말이다.

이런 목표는 대중적 · 민주적 목표가 있는 더 큰 전략과 불화를 일으키지 않으며, 그런 전략은 중앙집권 국가에 의존하지 않는다. 지방분권, 기초와 광역의 자치권, 지방정부의 강화는 신자유주의의 권위주의적 중앙집권과 직접적으로 충돌한다.

_ 논제 V

지방정부는 참여민주주의를 통해 주민을 조직하고, 공공서비스를 주민의 필요에 맞게 개발해서 정치적 주도권을 만들어내는 수단으로도 중요하다. 참여민주주의는 언론과 경제 권력에 맞서는 데 도움이 되지만, 언론과 경제 권력을 과소평가하거나 주민 참여로 충분하다고 생각하지 말아야 한다.

국가 방송 네트워크의 권리를 포함해 사유재산과 자본주의국가의 몇몇 제도는 분명 자치정부 차원에서 다룰 수 없다. 하지만 참여민주주의는 서비스, 문화, 여가, 스포츠, 중소 상공인의 제조와 영업 같은 영역에서 조직과 협회로 구성된 네트워크를 구축할 수 있다. 수많은 시민과 연결되는 이 네트워크는 정당과 별개로 일종의 사회적 전위를 형성해 여론을 주도하고, 시민이 일상의 주인공이 되어 지방정부와 함께 시행하는 정책을 자연스럽게 옹호한다.

PB와 자치 평의회에서 하는 것처럼 수많은 마을 단체와 노동조합, 아동과 청소년을 위한 공동체 조직, 문화 · 종교 · 스포츠 단체를 하나로 모으고, 그들과 함께 공공 정책과 예산을 결정하는 참여민주주의를 만든다면 우리의 정치적 과제를 지지하는 강력한 네트워크가 생길 것이다.

이는 신자유주의적 중앙정부가 지방정부에 책임을 떠넘긴 영역에도 적용된다. 서비스 공급자의 민주적 참여가 수반된 보건 · 교육 · 사회복지사업 네트워크를 만들면, 공공 부문 노동자도 우리의 정치적 과제를 받아들이고 중앙정부의 영향에서 벗어날 수 있다.

_ 논제 VI

지방정부는 신자유주의에 반대하는 강력한 정책 사례를 제시할 수 있다.

우리는 자본가를 위한 세금 감면과 재정 혜택을 중단하더라도, 일자리나 서비스를 줄이지 않으면서 회계장부의 균형을 유지할 수 있음을 입증한다. 신자유주의적 우파와 반대로, 공기업을 잘 운영해 흑자를 내고 재투자를 할 수 있음을 보여주기도 한다. 전기와 수도, 교통 같은 공공사업, 주정부의 경우 새로운 방침에 따라 운영되는 공공 은행을 지키는 일은 이 나라의 중앙정부가 실행하는 민영화의 물결에 대응하는 구체적인 방법이다.

인플레이션에 따라 임금을 올리고, 공공 부문의 커다란 임금격차에 대처하고, 주정부 공무원이 직접 운영하는 주 연금제도를 보호하는 것 역시 신자유주의 이념에 도전하는 일이다. 이런 정책은 민간 부문과 사회 전체에 걸쳐 수많은 노동자에게 본보기가 되고, 그들이 유사한 이익을 위해 투쟁할 때 정당성의 근거가 된다.

_ 논제 VII

라틴아메리카에서 지방정부를 이런 경험으로 이끈 것은 선거 승리이며, 그 승리를 이끈 이들은 좌파 정당 단체 혹은 도시나 시골, 원주민의 사회운동 단체다.

브라질에서 2000년은 우리가 7개 주도를 포함해 거의 200개 자치정부 선거에서 압도적으로 승리한 해다. 승리의 기반은 환경, 여성, 도시 사회운동을 대변한 정당의 대중적 · 민주적 단체다. 이는 사회적 변화, 저개발과 진정한 단절, 사회주의로 전환을 뒷받침하는 근본적이고 전략적인 사회 기반이 거기에 있다는 증거다.

중소 자치정부에서 이것이 가능하다면, 대다수 주민의 이익에 대한 실천적 공감대를 바탕으로 주와 광역 단위에서도 가능할 것이다.

이런 결과는 포퓰리즘과 무계급적 연합에 오랫동안 종속된 브라질과 라틴아메리카 좌파의 역사를 고려할 때 특히 중요하다. 신자유주의와 자본주의에 반대하는 강령을 실천할 때 연합의 정책을 공고히 하는 데도 도움이 된다.

라틴아메리카에서 구조적 의존과 외채가 불러온 위기를 극복하는 것보다 시급한 문제는 없다. 우리는 국가 주권을 전혀 지킬 수 없는 역사적 무능 탓에 지배계급 정부가 대중의 필사적이고 자발적인 행동으로 타도되는 것을 목격한다.

우리의 지방 경험과 WSF가 라틴아메리카와 다른 대륙 사람들에게 실천적·이론적으로 도움이 되어 그들이 새로운 세계의 주인공이 되기를 바란다.

9.

'룰라 정부와 사회주의'라는 본 세미나 패널의 주제에 따라 우리는 몇 가지 문제에 집중해야 한다. 물론 토론 중에 다른 화제가 나올 수도 있다. 괜찮다. 하지만 나는 우리가 활동하는 곳에 영향을 미칠 수 있는 가장 좋은 기회가 되는 문제를 우선적으로 토론하고 싶다.

강박에 가까운 우리의 중심 목표는 힘의 균형을 유지하고, 공고히 하며, 향상하는 것이다. 그래야 앞으로 나아갈 수 있다. 현재 다른 무엇보다 중요한 우리의 관심사는 브라질에서 민주주의를 확대하는 것이어야 한다고 믿는다. 어떤 사람들은 우리가 대통령을 비롯해 의회에 꽤 많은 의원을 확보하고 있기 때문에[2] 민주적 투쟁은 게임의 규칙을 존중하게 만드는 문제일 뿐이라고 생각할지도 모르겠다. 하지만 나는 광범위하고, 계획적이며, 전략적인 관점에 따라 문제를 다루고자 한다. 민주주의의 문제를 다룬다는 것은 대의제를 재생산하는 일에 국한되지 않는다. 지난 세기에서 물려받은 고전적 자유주의국가는 자본주의적 지배의 정치적 표현이었으며, 지금도 그렇다.

민주주의를 확장하는 투쟁은 개발도상국뿐 아니라 전 세계 좌파를 위해 중요한 일이다. 일반적으로 좌파는 이론적으로나 실천적으로나 이 문제에 취약하다. 사회주의사상은 대의제를 깊이 비판하지 못했다. '현존하는 사회주의'국가의 민주주의 경험은 아주 짧았거나 존재하지 않았다.

유럽에서 온 손님들을 불쾌하게 만들 생각은 없지만, 제1세계라고 부르는 유럽 국가 중에는 아직 군주국이 존재한다. 이런 나라에서는 불공평하게도 소수 사람들이 귀족으로 태어난다. 이런 점은 공화당 자유주의자들이 18세기에 종지부를 찍으려고 한 것이다.

이는 민주주의를 위한 투쟁이 모든 부르주아사회에서 여전히 존재하는 문제임을 보여준다. 브라질의 민주주의는 식민지 노예의 유산, 저개발, 자본가계급에 의해 악화되었다. 자본가계급은 처음에는 식민 통치한 포르투갈, 나중에는 영국, 최근에는 미국과 국제자본에 항상 순종적이었다. 좌파는 민주주의의 문제에서 거의 보여준 것이 없다. 민주주의의 문제에 대한 좌파의 비전과 이해는 제한적이었다.

19세기 후반에 노동조합과 정당 조직의 성과, 정치적 대의권은 일련의 사회적 · 정치적 승리와 개혁을 불러일으켰고, 이는 대의제를 사회적 요구를 수용하는 중요한 수단으로 바라보게 하는 데 기여했다. 1917년 러시아혁명에서 비롯된 '평의회(소비에트)'가 바탕이 된 정부는 유럽의 다른 지역으로 퍼져나가지 못했으며, 자유주의적 대의제의 경험이 거의 없던 러시아에서는 짧게 지속되었다.

20세기 내내 그리고 소비에트연방의 스탈린 집권 시기 동안, 사회주의자들 사이에서 민주주의에 대한 지배적 태도는 공리주의적인 것이었다. 인민대중이 정말로 사회의 주체가 될 수 있는 방법과 대다수 인민이 공공 업무를 통제하는 것에 주의를 기울이는 사람은 거의 없었다. 민주주의와 사회주의의 깨뜨릴 수 없는 관계는 잊혔다. 자주 관리, 취소 가능한 권한, 권한 위임의 축소, 공공 지출과 국가에 대한 직접적인 통제로 부르주아 민주주의를 대체하려는 이론적 · 실천적 작업을 아무도 하지 않았다. '부르주아 독재' 대 '프롤레타리아트 독재'라는 단순한 상상력이 사람들의 머릿속을 지배할 뿐이었다.

민주주의에 대한 브라질 좌파의 퇴보적인 접근 방식이 드러난 것은 군부독재 시절에 벌어진 정치범 사면에 대한 논쟁이다. 나이든 사람들은 기억하겠지만, 브라질에서는 PT 창당 직전에도 정치범이 있었다. 당시 기록에 나타나듯이, 일부 사람들은 정치범 사면을 위한 투쟁이 시간 낭비라고 주장했다. 그들이 볼 때 정치범이란 적의 손아귀에 붙잡힌 투사다. 그러니 '우리 차례가 오면' 똑같이 갚아주겠다는 것이다. 간단히 말해 프롤레타리아 독재로 부르주아 독재를 대체하는 꼴이었다.

이는 구체적 투쟁의 전개와 대중 참여의 발전을 어렵게 만들었다. 많은 사람이 지독한 교조적 입장에 빠졌다. 이 논쟁은 PT 창당 이후에도 계속되었다. PT는 제헌의회가 군부독재에 대한 대중운동의 대안을 압축하는 적절한 구호인지 아닌지 논의하느라 2~3년을 보냈다. 수많은 문헌과 논문이 제헌의회가 부르주아 사상에 대한 투항에 불과하다는 것을 증명하기 위해 작성되었다. '제헌의회는 먹고사는 문제가 아니기' 때문에 대중은 이런 문제에 관심이 없다는 것이다.

이와 같이 우리는 민주주의의 문제에서 거대한 실천적 약점을 안고 있다. 우리가 정말로 힘의 균형을 바꾸고 제한된 활동의 장을 넓히기 원한다면, 무엇보다 주민의 참여와 지지가 필요하다. 주민이 주택과 임금, 실업 같은 문제에서 얻는 구체적 투쟁과 승리의 경험뿐 아니라 지방정부를 통해 예산을 어떻게 쓸지 결정하는 경험도 힘의 균형에 확실한 변화를 가져오는 근본 원인이다.

주민이 각각의 투쟁과 단계에서 자치정부, 주정부, 국가가 어떻게 작동하는지, 그러니까 누가 세금을 결정하고, 어떻게 세수를 나누고, 누가 지불하고 지불하지 않는지 더 명확히 이해하려면 참여가 필수적이다.

이를 위해서는 많은 노력이 필요하다. 우리는 사회주의 투쟁과 민주주의 확대를 실제로 연결할 수 있는 메커니즘을 만들어야 한다. 바로 이 지점에 PB를 위한 투쟁이 필요하며, 자치정부와 주 평의회[3] 그리고 더 직접적인 주민 참여에 실질적인 의사 결정 권한을 부여하고 강화해야 한다.

불행하게도 많은 PT 지방정부가 단순히 시의원과 시장에게 권한을 위임하는 데 그치는 고전적 대의민주주의를 재현한다. 정치에 대한 이런 접근 방식은 정당, 후보자, 선거제도 자체가 불러오는 관료주의와 기만이라는 익숙한 문제에 맞닥뜨린다.

이와 반대로 당면한 실제 상황과 가능성을 고려하면, 대안적 민주주의가 가능하다는 것을 주장할 필요가 있다. 이는 주민의 생생한 경험과 의식 수준에 따라, 어떤 대안적 민주주의를 뿌리내리고 발전시킬 수 있는지 모든 단계에서 충분히 고려하는 것을 의미한다.

룰라 정부에서 벌어지는 논쟁에는 정부가 지지를 얻기 위한 핵심 요소인 민주주의와 주민 참여를 확대하려는 정책이 하나도 보이지 않는다. 오히려 정부 인사들의 초창기 노력은 의회에서 다수가 되기 위해 중도 정당이나 보수 정당과 연립정부를 구성하는 쪽으로 나아가는 듯하다. 다른 당의 소수파나 반대파와 협상을 벌이는 것에 대해 언론이 보도한 내용에 따르면, 연립정부의 길은 운신의 폭을 넓히고 법안을 통과시키기 위한 선택으로 보인다.

하지만 이 전술은 문제에 부딪힐 것이다. 연립정부를 구성하는 전술은 우리를 오랜 세월 부패와 불법적 영향력 행사에 길들여진 보수적 정당이나 정치인과 하나로 묶어놓는다. 우리는 그들의 표를 얻는 대신 정치적으로나 재정적으로 값비싼 대가를 치를 것이다. 그들은 자신이 대표하는 사회적·지역적 이익을 지키려고 애쓸 것이다.

다른 방법이 있다. 공공 정책의 방향을 토론하고 결정하는 일에 주민을 참여시키고 이를 강화하는 것은 실제로 가능한 대안이다. 브라질의 대통령제는 행정부에 과세와 예산 분야에 상당한 주도권을 부여한다. 이는 우리 시 행정부와 히우그란지두술 주에서 체득한 것이다.

그렇다고 의회를 포기하거나 특정 계획을 승인하기 위한 전술적 합의를 배제한다는 뜻은 아니다. 상원 의원과 하원 의원을 열외로 취급하려는 것이 아니며, '의회를 폐쇄하고' 싶은 것은 더더욱 아니다. 하지만 정부에 대한 지지를 보수적 다수가 붙박이로 있는 의회에서 승리를 거두는 것으로 국한하는 데는 심각한 문제가 있다.

　　우리는 의회에 친선 관계와 평화 공존을 희망하는 신호를 보내는 한편, MST와 CUT, 노동조합 연맹, 모든 사회운동과 공동체운동, 학생운동, 차별 반대운동에 선명한 의사를 표시해야 한다.

　　우리는 그들에게 모이고, 동원하며, 우리가 집행할 공공 정책을 결정하라고 제안해야 한다. 그들과 대화하는 것이나 직접적 · 대중적 참여에 필요한 포럼 같은 메커니즘을 만드는 것을 두려워하지 말아야 한다. 여기서 정부에 대한 참된 지지가 나올 것이다.

　　당장 '부시Bush에 맞서 바리케이드를 치라든가', IMF나 세계은행과 단절해야 한다는 뜻이 아니다. 있지도 않은 재원이 필요하다고 주장하는 것도 아니다. 정말로 필요한 것은 정치적 의지요, 이것이 바로 저개발을 극복할 이행 과정이라고 말할 수 있는 실천적 비전이다.

　　포르투알레그리의 경험과 히우그란지두술의 대중적 · 민주적 정부는 이 과정을 통해 사회에서 착취당하는 수많은 구성원이 공동의 물질적 이익을 지키기 위해 자신을 동원할 수 있음을 보여준다. 주민은 의료와 교육, 사회복지 분야에서 질 좋은 공공서비스를 원한다. 그들은 이를 위해 투쟁할 준비가 되었으며, 자신이 선출한 정부가 그들을 위해 재원을 사용할 것이라고 생각한다.

여기 있는 모든 사람들은 2002년 주지사 선거에서 우리가 패배한 이유가 PB와 참여민주주의에 있지 않다는 것을 안다. 오히려 선거운동 과정에서 실수를 저지른데다, 강력한 상대 진영으로 인해 지지가 양극화된 상황에서 근소한 차이로 승리한 1998년과 똑같은 득표를 한 것은 PB와 참여민주주의 덕분이다. 물론 진짜 적이 누구이고, 얼마나 강한지 아는 것이야말로 정치에서 배워야 할 지극히 중요한 교훈이다.

우리는 히우그란지두술과 포르투알레그리의 참여민주주의 경험 덕분에 도시와 시골 노동자, 청년 같은 전통적 지지층을 바탕으로 우리의 정치적 과제가 갖는 정당성과 주도권을 확대할 수 있었다. 예를 들면 소상공인과 관계가 변화되었다. 많은 소상공인이 더 다가오고, 우리가 하는 일에 신뢰를 표시했다.

최근 15년 동안 우리가 포르투알레그리에서 승리한 원인은 대의제를 통해 시장과 자치정부 관료에게 위임한 권력을 주민에게 돌려준 데 있다. 총회를 통해 조직된 주민은 공공의 지갑으로 무엇을 할지 결정하는 권한을 돌려받았다.

이런 민주적 투쟁이 있으면, 즉 참여민주주의의 공간을 개방하고 주민이 직접 주도하게 만들면 변화는 더 빨리, 더 크게 일어날 수 있다. 이것이 우리 룰라 정부가 브라질에서 새로운 정치적 주도권을 얻는 수단으로 주민 참여를 최우선 과제로 삼아야 하는 이유다.

끝으로 정치 개혁의 문제가 있다. 이 논쟁을 민주주의의 문제로 접근하기 위해서는 엄청난 노력이 필요하다. 우리는 정치 개혁의 논쟁에서 주도권을 쥘 필요가 있다. 의회에서 만든 왜곡된 비례

대표제의 가면 아래 감행되는 사기 같은 선거뿐 아니라 '최다 득표자를 당선시키는' 모든 투표 제도를 거부할 필요가 있다. 브라질에서는 이 때문에 1급, 2급, 3급 시민이 생겨난다. 프랑스혁명 당시 '1인 1표'에도 미치지 못하는 것이다. 브라질의 주는 군부독재 시절부터 이어진 최소·최대 대표자 수로 인해 여전히 선거인단으로 기능한다. 결과적으로 의회가 시민을 대표한다는 것은 사기다.

우리가 이 나라의 정치적 대전환을 이끌려면 정치 개혁 논쟁을 민주주의 확대의 중요성에 대한 이해와 결부할 필요가 있다. 이는 새로운 정치제도, 행정부와 입법부의 대對사회관계에 대한 완전히 새로운 개념을 모색해야 한다는 의미다.

민주주의의 문제는 모든 정치적 활동의 기본 원리가 되어야 한다. 예컨대 행정을 분권화하는 투쟁은 사회주의에 대한 이해와 관련된다. 우리가 추구하는 사회는 막강한 연방 부처를 거느린 연방 수도 브라질리아가 지배하는 사회가 아니다. 우리의 투쟁은 지방 분권을 위한 투쟁이자, 시민이 자치정부의 공적 재원을 직접 통제하기 위한 투쟁이기도 하다.

우리가 하는 모든 일, 우리의 지지자와 사회운동의 관계, 우리의 대중적 지방정부의 정책은 민주주의 투쟁과 민주주의의 새 논리에 대한 헌신으로 빚어져야 한다. 그것은 경제와 노동의 세계를 다루는 대담한 제안과 정책을 요구할 전환의 출발점이다.

10.

주앙 마샤두[1]

        지난 세기에 사회주의를 표방한 정부들의 대차대조표
는 대단히 실망스러웠다. 이는 러시아혁명의 각종 분파로 분류되
는 쪽과 흔히 사회민주주의라고 불리는 쪽에게 모두 해당한다. 러
시아혁명의 성과는 소비에트연방과 그 위성국가들이 붕괴함에 따
라 파국적 상황을 맞았다(쿠바 같은 나라가 계속 노력하는 것을 아무리
평가한다 해도 마찬가지다). 사회민주주의 정부는 많은 나라에서 사
람들의 생활 조건을 향상하는 개혁을 단행했고, 이런 성과가 완전
히 사라지지 않았으므로 미묘한 차이가 있다고 할 수 있지만 결과
는 역시 부정적이다. 최근 수십 년 동안 사회민주주의 정부는 사회
자유주의 정부가 되었다. 2차 세계대전 이후에 쟁취한 권리는 퇴
보하는 상황이며, 사회민주주의를 만연한 신자유주의와 명확하게
구분하기 힘들어졌다.

  이런 실망스러운 대차대조표가 사회주의 경험의 장이 끝났다는
의미는 아니다. 자본주의적 가치관과 방법론으로 완전 무장한 정

부가 지배하는 현시대는 이런 사회가 인류에게 제공하는 것이 거의 없다는 점을 보여준다.

1990년대는 세계가 과거의 반복된 위기에서 자유로운, 기술적 진보가 견고한 시기에 접어든다는 사고를 촉발했다. 이른바 '신경제'다. 이제 그런 주장은 근거가 없었음이 명확해졌다. 대신 현재의 경기 침체가 얼마나 오래 지속될지, 다음 경기 호전이 얼마나 강할지 논의가 반복된다. 1980~1990년대 자본주의경제는 예외적으로 호황이었다. 하지만 가장 좋은 몇 년 동안에도 대다수 사람들은 삶이 향상되지 않았다. 그때도 자본주의는 대다수 사람들에게 거의 아무것도 제공하지 못했다.

최근의 경기 침체 전에도 사회적 권리를 축소하고 일자리를 더 유연하게 만들려는 전 세계적 압력이 있었다. 그와 동시에 더 까다로운 노동 자격, 더 강도 높은 노동과정, 더 긴 노동 일수를 원하는 요구가 증가했다. 그때도 많은 일자리가 전보다 못한 임금을 받았고, 경쟁력이라는 미명 아래 노동력에 비해 적은 임금을 지불하면서 더 많은 요구를 했다. 누구든 같은 자리를 지키고 싶으면 갈수록 더 빨리 뛰어야 했다. 세계화된 자본주의 시대에 대다수 세계 인구의 상황을 더 악화시킨 것은 점점 넓고 깊게 벌어지는 선진국과 개발도상국의 차이다. 이제 경기 침체로 가는 경향이 다시 시작되면서, 자본주의경제의 부정적인 특징이 뚜렷해졌을 뿐이다.

자본주의 약속의 기만적인 본질은 대안을 찾아야 할 타당성이 사라지지 않았음을 보여준다. 하지만 소비에트 모델과 사회민주주의에 대한 실망으로 사회주의적 대안을 지지하기란 매우 힘들어졌다. 제3세계에서는 고려할 것이 하나 더 있다. 신자유주의적 자본주의가 최고조로 세력을 뻗칠 무렵, 1980년대 이래 '국가 발전주의'라는 자본주의의 진보적 변종이 실패로 드러났다는 믿음이 커졌다. 많은 브라질 사람들은 2차 국가 개발계획이 외채 위기와 1980년대의 '잃어버린 10년'에 부분적으로 책임이 있다고 주장했다. 2차 국가 개발계획은 비교적 독립적이고 '전국적'인 브라질식 자본주의 발전을 촉진하려는 마지막 시도였다.

결론은 오늘날 지배적인 모델인 자본주의가 아무리 장래성이 없다 해도 다른 것을 주장하기 어렵고, 자본주의 안에서 변화를 제안하는 것조차 매우 힘들다는 사실이다.

이런 상황에서 PT가 이끈 포르투알레그리와 히우그란지두술의 지방정부 경험은 중요성이 아주 크다.

1988년 포르투알레그리 시장 선거에서 승리했을 때, PT는 특징 있는 정당이었다. PT는 사회주의 대의에 전적으로 공감하지만, 소비에트연방과 사회민주주의 정부의 경험에는 비판적이었다. 동시에 그해 여러 시와 주의 선거에서 거둔 승리가 보여주듯, 권력을 쟁취하는 길은 선거에 있다고 확신했다. 성공은 행정 능력을 발휘하는 한편, 브라질의 전통적 정당이나 다른 나라의 사회민주주의 정당과 다르게 통치할 수 있음을 보여주는 데 달렸다고도 믿었다.

PT가 민주주의를 향한 길에 헌신한다고 해서 당의 전략이 선거 출마에 국한된 것은 아니다. 대중조직과 사회운동을 강화하는 것도 PT의 중요한 비전이었다. 그렇다고 자유민주주의 제도를 이상화하지도 않았다. 자유민주주의 제도의 한계를 넘어야 한다는 신념이 당에서 광범위하게 공유되었다.

더욱이 히우그란지두술 주의 PT는 그곳에서 전통적으로 이어져 온 수준 높은 정치의식과 연결된 독특함이 있었다. 브라질의 다른 지역보다 당 활동이 활발하고 당이 잘 조직되었으며, 내부의 좌파 진영이 다른 주보다 강했다.

포르투알레그리에 PT 행정부가 들어선 1989년 이후, PT는 이른바 '사회주의 진영'의 붕괴라는 좌파 진영의 세계적 위기에 봉착했다. 이는 히우그란지두술에서도 느껴졌다. 하지만 히우그란지두술의 상대적으로 높은 정치의식과 PT 좌파 진영의 힘은 기반이 약해졌으나 사라지지 않았다.

따라서 1989년 초에 포르투알레그리의 PT는 집권을 시작한 다른 도시의 PT보다 앞으로 다가올 도전을 분명히 이해했다. 현실에 대응하는 새로운 방법을 찾아야 한다는 것을 알았다.[2] 히우그란지두술의 PT는 2000년에 WSF를 개최하자는 제안이 처음 나왔을 때, 열린 자세로 그 중요성을 이해하고 과감히 추진했다.[3]

이 책의 다른 장에서는 포르투알레그리를 포함한 여러 도시와 히우그란지두술 주에서 시도한 혁신, 특히 PB를 분석했다. 이 장의 목적은 PT 지방정부의 경험, 특히 포르투알레그리와 히우그란지두술의 경험이 사회주의 과제를 재개하려는 최근의 시도와 어떻게 연결될 수 있는지 살펴보는 것이다. 그 과업에 얼마나 기여할 수 있느냐가 이 풍부한 경험의 중요한 측면일 것이다.

브라질 전역과 히우그란지두술의 PT 지방정부에 속한 인사들이 모두 여기에 제시된 생각을 공유한다는 의미는 아니다. 지방정부에 책임이 있는 인사들은 PT의 성과와 사회주의사상을 새롭게 하기 위한 제안을 연결시키려는 고민을 나누지만, 히우그란지두술에서도 각자의 관점은 상당히 다르다. 이 장에서는 지금까지 히우그란지두술의 PT가 실천하거나 제안한 것을 넘어서는 제안을 한다. 다음에서 다룰 문제 중 일부는 분명 국가 차원에서 적용될 수 있을 것이다. 따라서 그 문제는 룰라 정부에 대한 토론에서 PT 전체가 직면하는 논쟁의 일부다.[4]

이런 생각과 PT 행정부의 경험에는 명확한 관련성이 있다. 그 관련성은 다음 질문으로 요약할 수 있다. '지방정부의 이런 혁신이 중요한 역할을 맡는 사회주의 전략은 어떤 형태가 될까?'

달리 말해 여기서 제시한 생각의 출발점은, 정부를 맡은 사회주의 정당이 자본주의를 운영하는 일에 자신을 한정해서는 안 된다는 확신이다. 힘의 균형으로 부르주아 통치와 단절하지 못할 때나, 해당 정부가 지방정부에 내재된 갖가지 한계에 시달리는 자치정부에 불과할 때라도 마찬가지다. 이런 차원에서 사회주의 정당의 사회주의 목표는 강령에 반드시 영향을 미친다. 그 강령은 반드시 당의 사회주의 목표와 연결되어야 한다.

_ 신자유주의적 주장

소비에트사회주의공화국연방USSR과 '사회주의 진영'이 붕괴된 후, 그 경험에 비춰 사회주의 과제에 대해 다시 생각해보는 것은 분명히 필요한 일이다. 사회민주주의의 실패를 기억하는 사람은 많지 않지만, 거기에 비춰 사회주의 과제를 다시 생각해보는 것도 똑같이 중요하다. 사회민주주의는 수십 년 동안 많은 나라에서 중요한 진보에 기여했을 수 있다. 하지만 최근에는 20년 넘게 아무런 대안도 보여주지 못한다. 사회민주주의는 신자유주의의 변종인 '사회자유주의'가 되었다. 실제로 사회민주주의는 그 전성기에도 가장 야심찬 목표, 혹은 가장 야심찬 지지자의 목표를 달성하지 못했다. 그것은 결코 사회주의로 전환하기 위한 길이 아니었다.[5] 제3세계에서는 실행 가능한 조류로 판명된 적이 한 번도 없다. 현재 우리의 목적을 생각하면, 사회민주주의의 한계는 소비에트 모델의 한계보다 훨씬 중요하다.

사회주의 과제를 어떻게 새롭게 할 수 있는지 알아보기 전에, 사회주의에 반대하는 신자유주의자들의 비판을 간단히 짚어보자. 최근 신자유주의 사상의 핵심은 '비효율성과 반민주적 국가주의 대 효율성과 민주적 시장'이라는 이분법적 대립으로 구성된다. 사회가 고를 수 있는 선택지가 이 두 가지뿐인 것처럼 보인다. 이런 관점에서는 어떤 사회주의(혹은 발전주의 혹은 신자유주의를 제외한 그 무엇)도 '국가주의'이자 그 모든 부수적 해악으로 보인다.

'국가주의'가 USSR의 '현존하는 사회주의'와 사회민주주의를 비롯해 지금까지 나온 대다수 사회주의의 핵심적 특징이었다는 사실은 위와 같은 독단의 놀랄 만한 확산에 기여했다. 노동자 운동의 주요 흐름인 사회주의와 사회민주주의는 그 차이점에도 둘 다 관료주의적 특징이 있으며, 국가를 이용해 사회를 위에서 아래로 바꿔나가는 것이 목표였다. 사회주의는 초超중앙집권적이고 권위주의적이며, 당 권력과 동일시되는 새로운 국가기구를 세웠다. 국민이 독립적인 주도권을 행사하는 것은 위험하고, 체제 전복적인 일이라고 여겨졌다.

사회민주주의는 종전 자본주의 국가기구에 적응했다. 국가에 미세한 변화를 가져왔고, 대다수 국민을 위해 국가를 이용하려 한 반면, 자본과 직접적으로 대립하는 것은 회피했다. 이는 국민의 자율적 참여를 부르주아 민주주의 제도의 틀에 국한하는 것을 의미했다. 이런 한계를 넘어서면 탄압을 받았다. 잘 알려졌듯이, 국가의 직접적인 탄압은 사회민주주의 정부가 소비에트 형식의 체제보다 덜했다.[6] 하지만 사회민주주의는 상대적으로 덜한 탄압에 시장의 작동에서 기인하는 자유와 민주주의에 대한 제재를 병행했다. 이 주제는 뒤에서 다시 다룰 것이다.

'사회주의적 국가주의'라고 할 수 있는 이 두 가지는 결국 비민주적이었다. 신자유주의자의 비판과 같은 이유는 아니지만, 소비에트 모델은 분명 그랬다. (예를 들어 신자유주의자들은 기업의 재산권을 인정하지 않는 것은 근본적으로 비민주적이라고 주장한다.) 사회민주주의 모델의 비민주적 특징은 신자유주의자들이 비판한 것과 정반대다. 사회민주주의 모델은 자유주의적 대의제를 넘어설 수 없었다. 이 모델은 자유주의적 대의제 형식의 민주주의가 갖는 성과와 한계, 특히 시장의 지배에 사회적 선택이 종속되는 결과를 공유한다.

비효율성에 대한 주장은 더 의심스럽다. 소비에트 모델과 사회민주주의 모델은 둘 다 사회주의사회를 건설하는 방법으로는 완전히 비효율적이었다. 하지만 경제성장을 촉진하는 능력을 따져보면, 신자유주의자의 비판 기준에 비춰 볼 때 두 모델의 비효율성은 훨씬 더 상대적이다. 수십 년 동안 USSR의 경제성장률은 높았다. 사회민주주의도 마찬가지다. 요점은 '사회주의적 국가주의'의 두 가지 형태 모두 민주주의에 대한 근본적 한계가 있으며, 대안적 과제로 쓸모가 없다는 것이다.[7]

한편 최근 수십 년의 경험에 따르면, 신자유주의적 방식의 다른 면인 '민주적이고 효율적인 시장'은 유효하지 않다는 것이 드러났다. 신자유주의가 만연한 1980~1990년대 세계 경제성장은 '국가주의' 시대인 1950~1960년대의 절반에도 미치지 못했다. 신자유주의의 '사회적 비효율성'은 경제적 비효율성보다 훨씬 크다. 실업은 1950~1960년대보다 2~3배 높은데다 소득분배는 더 불공정해졌고, 실질임금은 침체하거나 감소하는 추세이며, 연금과 사회보장, 사회적 권리는 대체로 축소되었다. 이는 우연이 아니다. '경쟁력'을 갖추려는 시도는 노동비용을 줄이려는 경쟁으로 이어진다. 이는 노동자의 권리를 줄이고, 고용을 불안정하게 만들며, 연금과 사회보장을 삭감하는 지속적인 압력을 낳는다.

공공서비스를 효율적으로 제공한다는 이른바 민간 기업의 능력은 증명되지 않았다. 종속국가는 세계시장의 신뢰를 '얻기 위해' 아무리 노력해도 세계화의 '열매'를 누리지 못할 뿐 아니라, 위기에 더 취약해지고 자신의 문제를 통제하기 더 어려워진다. 이와 관련된 브라질의 상황은 의문의 여지가 없다. 효율성의 관점에서 보는 대차대조표는 명확하다. 신자유주의적 자본주의는 '국가주의적' 자본주의가 수십 년 동안 사람들에게 제공한 것을 줄 수 없다는 것이다.

민주주의 관점에서 보면, 신자유주의의 성과는 훨씬 더 형편없다. 민주주의에 유리하기는커녕, '규제가 철폐된 시장의 지배 때문에 민주적 권리가 갈수록 축소된다'. 신자유주의 정부의 이론과 실천을 지도하는 원리 중 하나는 시장 일반, 특히 금융시장의 '신뢰를 얻을' 필요성이다. 즉 신자유주의 정부는 시장의 이익에 반하는 일은 하지 않을 것임을 보장한다. 경제정책의 변화, 다시 말해 '금융 공동체'의 이익에 반하는 조치는 그 조짐만으로도 '투자자의 압력'을 불러일으킨다. 이는 전적으로 비민주적이라고 할 수는 없어도 국민주권을 유린하는 것이다. 국민주권이 없으면 민주주의를 향한 진전은 있을 수 없다.

'신뢰를 얻기' 위해 지불해야 할 청구서는 막대하다. 교육, 보건, 위생, 주택, 기반 시설 같은 사회적 필요에 대한 공공 지출은 정부가 국내외 채권자에게 고금리 이율을 지불하기 위해 삭감된다. 투자자의 압력으로 충분하지 않다면 경제정책 입안자는 거대한 힘, 특히 미국과 금융자본의 이익을 직접 대변하는 IMF의 감독을 받아들여야 한다.

신자유주의 논리에서 가장 명확한 비민주적 측면은 고용 대책일 것이다. 신자유주의 정책은 전 세계의 수요를 정체시키기 때문에, 기술의 진보는 적게 일하고 많이 생산해 더 많은 여가와 소비를 누리게 하는 것이 아니라, 더 벌지도 못하면서 더 많이 일하게 하든지 일자리를 잃게 만든다. 10년, 20년 일한 노동자를 아무런 토론이나 투표도 하지 않고 기업의 이익과 '경쟁력'을 유지한다는 명목으로 해고하는 것이 어째서 민주적인가.

시장 독재는 오늘날 민주주의의 주적이다. 시장 원리를 철저히 따름으로써 정치적 결정의 여지를 줄인다는 신자유주의 특유의 주장은 시민이 자신의 운명을 결정할 수 있는 주권적 권리에 대한 정면 공격이다.

그러나 신자유주의자들은 실제로 국가가 약해지는 것을 지지하지 않는다. 이론상으로 국가의 경제적 역할을 줄이고 싶어 하지만, 국가를 없애려는 것은 아니다. 시장의 작동을 보장하고 재산권과 계약을 존중하게 만드는 등 국가가 주요한 경제적 기능을 해야 하기 때문이다. 현실에서 국가는 보조금과 대자본을 위한 저금리 신용의 중요한 공급원이다. 전임 정부가 제공한 지나친 보조금과 세금 우대 조치를 PT 정부가 거절하자, 포드가 히우그란지두술을 떠나겠다고 결정한 것을 보면 알 수 있다. 국가는 민영화를 통해 많은 공공재산을 국내외 민간 기업에 넘기는 역할도 맡는다.[8]

더 분명한 점은 신자유주의자들은 '질서 보장'을 위해 잘 무장된 국가가 필요하다는 것이다. 칠레의 독재자 피노체트Augusto Pinochet와 아르헨티나의 독재자 비델라Jorge Rafaél Videla가 신자유주의 물결의 선구자라는 것은 우연이 아니다.

_ 사회주의 과제의 갱신

새 과제에 대한 토론을 조직하는 가장 좋은 방법은 초기 사회주의자, 특히 마르크스를 고무한 근본 개념으로 되돌아가는 것이다. 초기 사회주의자들은 현재의 지배 이데올로기에 반대하는 논리와 사회주의를 자칭한 역사적 경험에 대한 비판을 잘 결합한다. 초기 사회주의자들은 사회주의가 국가와 자본주의 시장에 모두 반대해야 한다고 주장한다. 즉 시장에 의한 경제 규제, 특히 노동시장에서 자본과 임금노동이 대립할 때 발생하는 노동 착취에 반대해야 한다는 것이다.

이런 접근 방식은 국가를 정치적·경제적 지배계급의 이익을 위해 사회의 자기 조직화를 제한하는 권력으로 바라본다. 시장을 자유의 원천이 아니라 자본의 끊임없는 가치 증식을 위해 개인을 통제 불가능한 논리에 종속시키는 비인간적 권력으로 보기도 한다. 국가와 시장은 둘 다 시민의 자유를 제한하지만, 그 제한은 비대칭적이어서 노동자와 대중의 영역을 가장 힘들게 한다.

따라서 우리는 국가와 시장 사이의 취사선택을 거부할 필요가 있다. 우리는 국가주의를 거부해야 한다. 국가주의는 위에서 아래로 사회 변화를 꾀하려는 시도이고, 국가기구가 주민의 참여를 통제하기 때문이다. 시장 지배도 거부할 필요가 있다. 시장 지배는 주민의 요구를 자본에 유리한 생경한 논리에 종속시키기 때문이다. 사회주의는 인류의 연대라는 근본적 가치와 시민이 자기 운명을 결정할 수 있는 능력, 바꿔 말해 노동자와 시민의 자치에 기반을 둬야 한다.

오늘날 사회주의를 하나의 대안으로 옹호하려면, 사회주의란 조직된 대중이 사회의 정치적·경제적 관리 메커니즘에 대한 통제를 늘리고, 인간의 기본 관계를 경쟁이 아닌 연대로 대체해나가는 것이라고 이해할 필요가 있다. 이는 '생산자의 자유로운 연합'과 주민의 자주적이고 민주적이며 주권적인 활동에 기반을 둔 제도를 만들어야 한다는 의미다. 그 제도는 현재 자본주의 시장과 국가가 유지하는 영역을 차지해야 한다.

장기적으로는 진정으로 자유로운 사회가 되면 재화 생산, 시장과 모든 상업 영역, 별도의 정치적 기구로서 국가가 사라질 것이라는 마르크스의 사상을 유지할 수 있다. 그러나 정말 이런 방향으로 나아간다 해도 현재 우리의 목표는 그보다 제한적이다. 주민의 자기 조직화와 국가나 시장에 대한 사회적 통제를 가능한 모든 형태로 발전시키는 일이 바로 그것이다.

이런 접근 방식에서는 노동자와 주민 일반의 의식과 자기 조직화를 강화하는 모든 것, 국가의 수직적 통제와 수동적 시민권이라는 이분법에서 벗어나게 하는 모든 것, 경쟁 논리와 시장에 맞서는 한편, 공동 이익 수립과 협동을 지지하고 평등, 참된 민주주의, 연대의 가치를 조성하는 모든 것이 우리를 사회주의의 길로 나아가게 한다. 이 과정의 핵심을 한마디로 요약하면 '사회의 완전한 민주화'다. 사회의 완전한 민주화는 시민이 자신의 공동 운명에 영향을 미치는 모든 것을 함께 통제한다는 뜻이다.

자본주의 시장과 국가를 둘 다 분명히 반대해야 하지만, 이 둘에 대한 비판은 균형적일 수 없다. 현시점에서 국가의 소멸이나 축소를 제안하는 것은 가능하지 않다. 정말 필요한 것은 국가를 변혁하는 일이다. 조직적이고 깨어 있는 대중이 국가를 차츰 통제해야하고, 그로써 국가는 참된 '대중의 것res publica'이 된다. 이런 점에서 우리는 국가를, 사회조직에 대한 국가의 지배를 반드시 약화할 필요가 있다.

_ 지방 차원에서 PT의 경험

이런 관점에서 보면 지방정부와 주정부를 기반으로 사회주의로 나아가는 것은 가능하다. 이는 포르투알레그리를 포함한 PT 행정부의 경험에서 얻은 가장 중요한 교훈이다. 전반적으로 힘의 균형이 사회주의 건설에 유리하지 않은 상황에서도 마찬가지다. 다양한 자치정부와 히우그란지두술 주에서 주민 참여의 형태를 발전시킨 구체적인 경험, 특히 PB는 이런 관점을 뒷받침한다.

첫째, 이 경험은 국가에 대한 사회적 통제가 민주적일 뿐 아니라 효율적이라는 점을 보여준다. 사회주의 이론가 에르네스트 만델이 지적하려 한 것처럼, 통신과 정보 기술 분야의 변화는 참여민주주의에 대한 장벽을 급격히 낮춘다. 통신과 정보 기술은 모든 시민이 사회의 각 차원(국가, 광역, 기초)에서 핵심 문제에 대해 더 쉽게 토론하고, 한결 직접적으로 의사 결정을 내릴 수 있게 한다.

둘째, 공적 재원을 관리하는 이런 방식과 새로운 사회주의 개념에는 분명한 관련성이 있다. 그 방식은 주민의 자기 조직화를 발전시키고 시민의 수동성에 이의를 제기한다. 또 국가의 한계, 계급 모순 등에 대해 주민의 의식을 확대한다. 이 모든 것은 시민에 대한 국가의 지배를 감소하는 방향으로 나아간다.

셋째, 이 경험은 기술 관료에게 대중적·민주적 개념의 행정을 교육하는 데 도움이 된다. 이는 사회의 국가 재흡수와 관련해 궁극적으로는 사회주의로 전환하는 데 반드시 필요하다.

PT 지방정부가 사회주의 대안의 여건을 조성하는 또 다른 방법은 경제적 자기 조직화와 자주 관리에 대한 지지다. 흔히 '협동과 연대의 경제'라고 일컫는 협동조합과 다양한 집단 활동에 대한 지지도 포함된다.

협동조합 운동은 최근 몇 년 동안 브라질에서 늘어나는 추세다. 이는 두 가지 방향으로 진행 중이다. 시골에서 MST는 토지를 얻은 사람들에게 협동조합에 참여하라고 권장한다. 이들은 협동조합을 토지를 위한 투쟁과 사회주의를 위한 투쟁을 연결시키는 자신들의 오랜 헌신 과정의 일부로 생각한다. 도시에서는 실업으로 노동자들이 협동조합 설립을 포함해 자신이 일하던 기업의 대안을 찾으려고 한다. 도시 협동조합의 가장 흥미로운 형태는 파산하고 버려진 기업을 노동자가 인수하는 것이다. 지금은 그런 협동조합에 기술적 지원을 제공하는 전국적 조직이 있다. 자주관리기업노동자연합이다.

'협동과 연대의 경제'를 강화하는 것은 여러 가지 면에서 사회주의 대안을 발전시키는 데 기여한다. 노동자의 조직 수준을 높이고, 관리 경험과 자치 능력을 길러주는 동시에, 사장이 없어도 괜찮다는 것을 보여준다. 협동조합이 강화되면 사회주의 세계관도 강화된다. 자본주의 논리 바깥에 있는 경제가 확대되기도 한다. 즉 자본주의 시장 논리가 약화되고 사회주의를 지향하는 연대의 논리가 강화된다.

물론 협동조합은 자본주의경제 내에서 시장에 적응하기 위해 압력을 받는다. 반자본주의적인 특징을 유지하지 못할 때도 종종 있다.[9] 참된 협동조합조차 사업 중심 사고방식을 채택하고, 자본과 노동의 관계를 흉내 내는 쪽으로 내몰리기도 한다. 커다란 도전은 효율성과 시장 경쟁력을 혼동해서는 안 된다는 것을 보여주는 데 있다. (유리한 신용 조건을 부여하고, 유통에 기술 지원과 도움을 제공함으로써) 협동조합에 국가 지원이나 공적인 지원을 제공하는 것은 시장의 압력을 완화하는 한 가지 방법이다. 사실 이런 지원은 히우그란지두술 PT 지방정부의 중요한 정책이고, 다른 지역 PT 행정부에서도 특징으로 삼은 것이다. CUT 노동조합 연맹도 같은 정책을 채택했다.

_ 국가 차원

앞에서 언급한 사회주의의 전략은 자치정부와 주정부 차원에서 시작할 수 있어도 완전하게 시행하지는 못한다. 부르주아 지배와 단절하는 것이 당장 가능하지 않더라도 국가는 민주화되어야 하고,

참여민주주의는 국가 차원에서 발전되어야 한다. '연대의 경제'의 발전을 장려하는 것도 마찬가지다.[10]

국가 차원에서 반드시 필요한 사회주의 정책은 경제활동에 대한 국가의 조정이다. 우리는 신자유주의가 읊조리는 주문과 정반대로, 경제를 규제하는 주체가 시장이 되어야 한다는 발상을 거부해야 한다. 거시경제 정책에서 사회주의 접근 방식은 2차 세계대전 말부터 1970년대까지 팽배하던 케인스학파와 개발주의 의제를 비판적으로 전용할 수 있다. 케인스John Maynard Keynes는 국가가 시장의 작동을 바로잡아야 하며, 이는 특히 '완전고용의 제공과 부와 소득의 자의적이고 불공평한 분배에 대한 시장 실패를 보완하기 위해 필요하다'고 주장했다.[11] 그는 정부의 정규적인 개입으로 총수요와 고용수준을 지속하고, 저금리를 유지하며, 일자리를 늘리고, 소득과 부의 분배에서 심한 격차를 줄이라고 권고했다.

이 방법에 따른 공식적인 경제정책은 정치적 논쟁거리가 되었다. 이는 모든 사람들의 관심사가 되었다. 은행가뿐만 아니라 노동조합도 이를 토론했다. 거시경제란 중립적이지 않으며, 특정 계급의 이익에 유리할 수 있다는 것이 뚜렷해졌다. 이런 점에서 1980년대에 세계를 휩쓴 신자유주의 물결은 거대한 퇴보다.

거시경제 정책이 아니라 해도, 국가는 경제적 활동이 사회적 필요에 부합할 수 있게 일련의 부문별 정책을 통해 조정할 필요가 있다(시장은 사회적 필요에 결코 자발적으로 부응하지 않는다). 가까운 미래에 시장을 없앨 수는 없겠지만, 사회적으로 통제할 수는 있다. 이는 당장은 대중 통제를 받는 국가기구의 통제를 의미한다. 민주적 관점에서 보면 시장에 재량을 주기 위해 국가를 축소하는 것이 대중의 결정권을 많이 줄이는 것처럼, 사회가 국가를 통제할 수 있는 메커니즘을 확대하지 않으면 국가를 강화해봐야 아무런 의미가 없다. 다른 한편 사회적 통제가 수반된 국가 개입의 강화는 삶의 조건을 결정하는 시민의 권한을 늘려주므로 민주주의도 늘어난다. 이는 장기적으로 국가의 소멸을 지향할 수도 있다. 조직화된 사회가 국가를 다시 흡수하는 것이다.

이런 국가의 경제활동 조정은 사회적·지역적 불균형을 어느 때보다 감소할 수 있으며, 기술적 진보의 사회주의화를 촉진할 수 있다.[12] 여기에는 전체 경제는 아니지만 중요한 공공 부문의 국유화가 요구된다. 최근 수년간 강행된 민영화를 고려하면, 이는 많은 기업의 재국유화를 사회적 통제의 형태와 결합하는 것을 의미한다. 특히 자본주의 대기업은 내부의 관계를 변화시켜 자본의 논리에 배치되더라도 노동자의 권리를 확대해야 한다. 가장 먼저 취해야 할 조치는 노동자에 대한 기업의 무제한적 해고 권한을 제한하는 것이다.

국가 차원의 다른 핵심 문제는 연금, 의료, 사회복지가 있다. 이 모든 것이 현시점의 가장 큰 도전이다. 모든 나라는 연대의 가치를 드러내는 영역을 줄이고 서비스와 연금을 민영화함으로써, 시장에 넘어가는 영역을 확대하려는 신자유주의의 강력한 압력을 받아왔다. 하지만 이와 반대로, 사회복지의 공공성과 연대의 정신을 강화하는 것이 사회주의 전략의 중심축이 되어야 한다.

이 모든 경제적 변화는 계급 간 힘의 균형이 노동자에게 유리하고 자본에게 불리한 방향으로 변화한다는 의미다. 이 변화는 여전히 지배적인 시장 논리와 사회적 필요의 논리 사이에 벌어지는 갈등 과정으로 이어질 것이다. 그 갈등은 경제의 자본주의적 특성에 의문을 제기할 것이다.

_ 국제적 차원

사회주의 전략에는 당연히 국제적 차원도 포함된다. 최근 수십 년 간 신자유주의적 세계화는 제국 중심부에 대한 종속국의 굴종을 심화했다. 재식민지화 과정이 진행 중이다. 이런 점에서 역사의 후퇴는 특히 잔혹하다. 주변부 국가에서 대중운동의 압력을 통해 정치적 · 경제적 의사 결정에 더 '국가적' 성격을 부여하려던 수십 년의 노력이 사라지고 있다.

제3세계에서 사회주의 과제의 첫 번째 국제적 측면은 국가 주권을 위한 투쟁이다. 여기에는 다음 몇 가지 측면이 있다. IMF와 세계은행의 감독을 거부하는 것, 외채에 대항하는 것(예를 들면 지불을 유예하고 부채 계약의 체결 조건에 감사를 벌이는 방법), 자본 흐름을 통제하는 것, 민영화를 재검토하는 것(민영화는 대부분 해외 자본에 이익을 준다), 다국적기업이 거둔 이익의 본국 송금을 제한하는 것 등이다.

주권 보호는 지금과 다른 국제적 질서를 위한 투쟁과 결합할 필요가 있다. 종속국이 주권을 지키면서 현 세계 질서에 참여할 가능성은 전혀 없다. 우리는 자본과 시장의 세계화에 반대하고, 대중의 연대와 국제주의를 지지해야 한다. 규제가 철폐된 시장의 논리에 국제 관계를 굴복시켜서는 안 된다. 국제 관계는 협정과 적절한 협상을 통해 나라별로 의식적으로 수립되어야 한다.

이것이 바로 신자유주의적 세계화에 맞서 지난 몇 년간 나타난 국제적 운동이 '또 다른 세계화' 혹은 '반세계화'라고 부르는 것이다. 이 운동이 포르투알레그리와 거기서 처음 열린 WSF에서 가장 강력한 지지의 원천을 발견한 것은 우연이 아니다. 히우그란지두술과 브라질 각지에서 온 PT 활동가들은 이 운동에서 사회주의 전략의 부활에 동참할 타고난 동반자를 발견했다. 다른 나라에서 온 활동가들은 대안 사회로 나아가는 것이 가능함을 보여주는 실례인 PB를 목격했다.

_ 지속적인 긴장

종전 제도와 즉각적이고 혁명적으로 단절하는 것이 아직 가능하지 않은 상황에서, 기초 지방정부와 광역 지방정부 혹은 중앙정부에서 시작해 사회주의로 나아가려는 전략은 그 어떤 것이라도 순응과 왜곡의 위험이 따른다. 이런 이유로 그 모든 차원에서 동시에 전진하는 가장 유리한 시나리오에서도, 실현된 성과와 여전히 지배적인 자본주의 시장의 논리 사이에 필연적인 긴장이 존재한다. 이 긴장의 존재는 사회주의의 충동이 여전히 실재하는지 여부를 판단하는 척도가 될 수 있다.

이 긴장은 기본적인 경제적 · 사회적 구조뿐 아니라 국가권력의 작동과도 관련이 있다. 이것은 정부가 취한 조치의 결과일 수만은 없다. 내부와 외부에서 동시에 오는 압력이 반드시 존재한다. 따라서 선거에 이기는 것만큼 중요한 일은 PT의 전통으로 알려진 '민주적 · 대중적 연합'을 형성하는 것이다. 이 연합을 선거 세력으로 발전시켜 선거에서 이기고 기관에서 중요한 직책을 차지하는 것으로 충분하지 않다. 사회의 기본 방향을 놓고 벌어지는 이념적 · 문화적 투쟁에서 사회 전반의 조직과 동원 수준을 높이는 것도 필요하다.[13] 국가 공동체와 국가들의 공동체에서 연대의 가치가 지배적 가치가 되어야 한다. 가치에 대한 이 싸움은 자본주의경제 질서와 현존하는 국가 제도에 순응하려는 압력에 대응하는 데 결정적인 역할을 할 것이다. 달리 말해 온갖 투쟁을 위한 이념적 · 윤리적 체계이자, 사회적 · 경제적 지지의 근원이 될 수 있는 사회주의 운동이 필요하다.

신자유주의 사상이 개인과 경쟁, '승자 독식'을 추종하면서 세상을 지배하는 것처럼 보일 때는 연대 강화라는 발상에 근거한 어떤 제안도 쓸모없게 여겨질 수 있다. 그럼에도 이런 생각이 통할 수 있다는 것을 보여주는 중요한 사례가 있다. 바로 MST의 성공이다. 이 운동은 연대를 바탕으로 세워졌으며, 연대가 견고한 기반임을 증명해왔다. 이 운동은 브라질뿐 아니라 전 세계에서 광범위한 지지를 받았다. 그 지지가 바로 이 운동이 지키고 실천하는 가치의 결과다.

희한하게도 종전 제도와 혁명적으로 단절하는 것이 아직 가능하지 않은 상황에서, 기초 지방정부와 광역 지방정부 혹은 중앙정부에서 출발해 사회주의로 나아간다는 생각은 PT 내에서 좌파와 우파 양쪽의 비판을 받았다. '좌파'의 비판은 다양했다. 일부는 PB와 같은 경험에 초점을 맞췄고, 일부는 WSF에 대한 비판과 중복되었다. 기본 논리는 혁명의 필요성에 대한 도식적인 주장으로, 사회의 점진적 변화에 대한 거부로 보인다. 이 관점에 따르면, 사회주의국가 건설 이전의 과업은 노동자의 다양한 요구에 맞춰 그들을 동원하는 것뿐이다.

이런 비판에 대해서는 다음 사실을 강조하는 것이 중요하다. 여기에 설명한 비전이 현 질서에 대한 혁명적 단절의 필요성에 반대하는 것이 아니라는 점이다. 오히려 PB와 같은 과정을 통해 축적된 대중의 조직화와 행정 경험은 그런 단절의 가능성을 크게 늘린다.[14] 더 중요한 것은 그런 축적이 러시아혁명 이래 많은 혁명적 경험에서 드러난 다양한 왜곡을 방지할 가능성을 크게 늘린다는 점이다.

PT 같은 사회주의 정당은 힘의 균형으로 즉각적이고 혁명적인 단절의 여지가 없을 때조차 기초와 광역, 국가 선거에서 이기고, 각각의 차원에서 정부의 책임을 떠맡을 수 있다. 이런 상황에서 기본적으로 세 가지 선택이 가능하다. 첫째, 정부를 떠나는 급진적인 입장을 채택할 수 있다. 둘째, 자본주의 체제를 제한하는 강령을 채택할 수 있다. 셋째, 현 상황에 대응하면서 사회주의적 변화로 나아가기 위한 다리를 놓을 수 있다.[15]

가장 타당한 것은 셋째 대안이다. 사회주의 정당이 부르주아 선거라는 불리한 경기장에서도 집권할 수 있다면, 일부 영역은 변화에 열렸음이 틀림없다. 이 경우 최선은 사회주의 방향으로 나아가는 변화를 만들기 위해 노력하는 것이다. 단지 이념적 선호 때문이 아니라, 사회주의 정책이 더 효과적이고 대중의 이익을 더 잘 대변하기 때문이다.

혁명적 단절이라는 관점에서 생각하면 불가능한 일인지도 모른다. 하지만 앞에서 그런 것처럼 사회주의를 사회의 완전한 민주화로 정의한다면 완벽하게 가능할 수도 있다. 앞에 한 말을 반복하면, 노동자와 주민 일반의 의식과 자기 조직화를 강화하는 모든 것, 국가의 수직적 통제와 수동적 시민권이라는 이분법에서 벗어나게 하는 모든 것, 경쟁 논리와 시장에 맞서는 한편, 공동 이익의 수립과 협동을 지지하고 평등, 참된 민주주의, 연대의 가치를 조성하는 모든 것이 우리를 사회주의의 길로 나아가게 한다.

미주

엮은이 서문

1 '대안 세계는 가능하다(another world is possible)'는 다양한 형태로 세계정의운동의 구호가 되었다. 이는 2004년 인도 뭄바이에서 개최되기 전, 2001부터 2003년까지 해마다 포르투알레그리에서 열린 WSF의 핵심 구호다.

1_ 참여민주주의 논쟁

1 하울 폰트는 PT 창립자 중 한 명이며, PB의 가장 많이 알려진 기획자이자 주창자다. 그는 2001년 당 총재 선거에서 주요 좌파 후보였다. 이 선거에서 나중에 룰라 대통령의 비서실장이 된 주제 디르세(José Dirceu)는 55퍼센트를 얻었고, 폰트는 17.5퍼센트로 2위를 했다. 폰트는 PT에서 사회주의적 민주주의 정파(Socialist Democracy, DS)의 리더이기도 하다.

2 1964~1984년 브라질의 군부독재는 라틴아메리카 다른 지역에 있는 대다수 군부독재보다 훨씬 정교했다. 군부독재는 정기적 선거, 두 공식 정당과 함께 힘없는 국회를 통해 기능을 유지했으며, 주도가 아닌 곳에서는 시장을 임명해 지방정부를 유지했다.

3 브라질 이 지역에서 급진적 교회의 힘은 MST가 성장한 한 가지 원인이기도 했다. MST는 가톨릭교회의 목회자토지위원회 사업에서 파생된 것으로, 1980년대 중반 히우그란지두술에서 발생했다.

4 다른 부류의 조직화된 좌파도 지아제마와 포르탈레자에서 활동했지만, 영향력은 포르투알레그리보다 약했고 오래가지 못했다.

5 1960년대 중·소 대립에서 기인해, PCdoB는 마오쩌둥(毛澤東)에 대한 이념적 추종과 알바니아 지도자 엔베르 호자(Enver Hoxha)에 대한 동조를 포기했다. PT 외부에서 가장 큰 좌파 정당이던 PCdoB는 1980년대 초부터 PT와 선거 연합을 유지했다. 사회운동 영역에서 꾸준히 풀뿌리 활동을 펼

치고 의회에서 작지만 의미 있는 존재감을 보였으나, PT보다 오른쪽으로 간 전략적 관점을 취하면서 '국가 부르주아'와 동맹에 큰 비중을 두었다.

6 주제 디르세는 회원은 아니지만 전설적인 카를루스 마리겔라(Carlos Marighela)가 이끈 국가해방행동(Action for National Liberation)과 가까웠다. 카를루스 마리겔라는 모스크바 계열 공산당의 지도자로, 1969년 경찰과 총격전 끝에 사망했다. 마리겔라가 쓴 도시 게릴라전 매뉴얼은 미국의 웨더지하조직(Weather Underground)과 다른 단체를 포함해 여러 나라의 무장 단체에게 중요한 참고서가 되었다.

7 안토니우 팔로치는 룰라 대통령의 루이스 구시켄(Luis Gushiken) 공보 국장과 같이 프랑스 피에르 람베르(Pierre Lambert)의 트로츠키 계파와 연결된 자유와 투쟁(Liberdade e Luta) 계파의 지도자다. 이 계파는 PT 초기에 중요한 역할을 했지만, 나중에 영향력을 대부분 잃었다.

8 DS는 1970년대 말 4차 인터내셔널과 제휴하거나 이에 끌린 일부 소규모 무장 단체의 합병으로 만들어졌다. 미나스제라이스(Minas Gerais) 주의 학생 단체와 포르투알레그리에 있는 하울 폰트 주변의 단체가 핵심적이었다.

9 Carlos Rossi, 'Assessing the Nicaraguan Elections', Ernest Mandel, 'Road to "Socialist Democracy"', *Intercontinental Press*, vol. 22, no. 24 (24 December 1984); Charles-André Udry, 'The Sandinista Revolution and Mass Democracy', *International Viewpoint*, no. 76 (20 May 1985) 참고.

10 포르투알레그리에서 PB의 가장 왕성한 이론가는 두 전임 시장 하울 폰트와 타르수 젠후다. 하울 폰트와 타르수 젠후는 PB를 다르게 이해한 면이 있다. 하울 폰트는 PB가 참여민주주의라는 새로운 제도를 통해 주민에게 주권을 급진적으로 돌려주는 것이라고 전제하는 반면, 타르수 젠후는 PB가 국가의 신뢰도를 회복하는 방법이라고 생각한다.

11 페르난도 데 라 루아는 자신이 내세운 중도좌파 공약을 하나도 지키지 못한 채 2001년 12월, 대중 봉기로 쫓겨났다.

12 셀수 다니엘의 죽음에 대한 갖가지 소문은 마약 밀거래자나 행정부와 갈등 중인 부패 계약자 같은 조직범죄 단체에 연루된 가능성을 제기하지만,

구체적 증거는 없다.

13 *Governo e Cidadania: Balanço e reflexoes sobre o modo petista de governar* (São Paulo: Editora Fundacão Perseu Abramo, 1999).

14 'Lula's Victory and the Trap of Participatory Budget', *Left Turn*, 29 October 2002.

15 Salvatore Cannavò, *Porto Alegre capitale dei movimenti: Percorsi e progetti di un movimento globale* (Rome: Manifestolibri, 2002) 참고.

16 이런 전통은 라틴아메리카 좌파에서 중요한 역할을 한 대중 교육, 대중 홍보, 대중문화 영역에서 특히 강하다. 우루과이의 마리오 카프룬(Mario Kaplun), 칠레 등지에서 활동하는 벨기에인 아르망 마틀라르(Armand Mattelart), 브라질 극작가 아우구스투 보알(Augusto Boal)의 작품 참고.

17 Robert Chambers, 'Rural Appraisal: Rapid, Relaxed and Participatory', IDS, October 1992; 이 기간 동안 IDS의 다른 출판 시리즈 참고.

18 T. M. Thomas Isaac and Richard W. Franke, *Local Democracy and Development: The Kerala People's Campaign for Decentralized Planning* (Lanham, MD: Rowman & Littlefield, 2002), and Vandana Shiva, 'JAIV PANCHAYAT—The Living Democracy Movement', www.swaraj.org/Jaiv%20 Panchayat.htm 참고.

19 John Holloway, *Change the World without Taking Power: The Meaning of Revolution Today* (London: Pluto Press, 2002), 아르헨티나 마르크스주의 연구지 *Herramienta*: www.herramienta.com.ar 참고.

2_ 첫걸음부터 마지막 전략까지

1 아시스 브라질 올레가리우 필류는 포르투알레그리 공동체 관계 평의회의 조정관이다. 지 소자, 파수스, 폰트의 이력은 이 책에 기고한 각자의 장을 참고.

2 1970년대 말부터 1980년대 초반까지 PCdoB는 군부독재에 대항하는 다양한 사회운동에서 중요한 역할을 했다. 특히 도시 빈민 운동에 기여했다.

제툴리우 바르가스(Getúlio Vargas)가 이끈 브라질 포퓰리즘 운동은 1930
년대 포르투알레그리와 히우그란지두술에서 출범했다. 포퓰리즘 운동은
이 지역에 강력한 기반을 두었다. 민정 이양 이후 노동민주당(Democratic
Party of Labour, PDT)이 포퓰리즘의 역할을 계승했고, 많은 지역사회 운
동을 지배했으며, 1988년 선거에서 PT 후보가 당선되기까지 포르투알레
그리의 시장직을 차지했다. 그 이후 PDT는 전국 차원과 일부 지역에서 간
혹 PT와 불안정한 선거 연합을 맺었다.

3 PDT의 알세 콜라레스(Alceu Collares).

4 *Desenvolvimento humano e condicoes de vida em Porto Alegre*, PMPA-SGM,
Porto Alegre, May 2001.

5 Sérgio Baierle, 'The Porto Alegre Thermidor: Brazil's Participatory Budget
at the Crossroads', in Leo Panitch and Colin Leys (eds), *The Socialist Register
2003: Fighting Identities: Race, Religion and Ethno-Nationalism*, Halifax, NS,
Fernwood Publications, 2002 참고. 이 논문은 당시 포르투알레그리의 부시
장 주앙 베를레(João Verle)가 PB의 한계를 토론하고, 이를 극복할 개선점
을 제안하기 위해 2001년 5~6월 개최한 세미나의 발표문이다.

6 이는 러시아혁명 동안 '소비에트에 모든 권력을 부여하자'는 볼셰비키의
요구에 대한 반감이며, 반농담식 언급이다. 아시스 브라질은 PT의 좌파
조직인 사회주의자노동자당연합이 포르투알레그리에서 처음으로 그런 요
구를 했다고 말한다.

3_ 기본 원리

1 경제학자 우비라탄 지 소자는 군부독재 기간 동안 히우그란지두술과 상파
울루에서 활약한 게릴라 조직인 혁명적대중전위대에서 활동했다. 전위대
는 카를루스 라마르카(Carlos Lamarca) 대위가 이끌었는데, 그는 군부에
색출되어 처형당했다. 지 소자는 1971년 브라질에서 추방되어 1979년 귀
국하기까지 칠레와 쿠바, 프랑스에서 지냈다. 그는 포르투알레그리의 2기
와 3기 PT 행정부(1993~1996년 타르수 젠후 시장과 1997~1998년 하울
폰트 시장 재임 기간)에서 시의 기획실 일반 조정관을 역임했다. 1999~

2002년에는 히우그란지두술 주 PB의 예산·재정 일반 조정관으로 활동했다.

4_ 포르투알레그리 : 시 예산

1 경제학자 안드레 파수스 코르제이루는 1995년 포르투알레그리 시장실에서 일하기 시작했으며, 기획실의 일반 조정관이다. 기획실은 자치 예산, 다년 계획, 예산 지침, 투자 계획을 담당한다. 기획실은 공동체 관계 조정 단체와 함께 PB 평의회에서 자치정부를 대표한다.

2 Sophocles, *The Theban Plays*, trans. by E. F. Watling, Harmond-sworth: Penguin, 1947, p. 146.

3 1996년 6월 터키 이스탄불(Istanbul)에서 열린 UN 해비타트 II 회의는 포르투알레그리의 PB를 시 관리에서 세계 42개 모범 사례 중 하나로 언급했다.

4 우비라탄 지 소자가 쓴 6장 참고.

5 여기서 말하는 '시의회'는 브라질 헌법의 규정에 따라, 시장과 부시장이 있는 브라질의 모든 자치정부에서 4년마다 선출된 전통적 대의제 기구를 의미한다.

5_ 다른 두 도시의 주민참여예산제도

1 에딩요 시우바는 프로 축구 하부 리그 선수였으며, 나중에 농업 기술자가 되었다. 그는 DS 회원이다.

2 PFL은 브라질의 전통적 과두정치를 대표하는 주요 정당이며, 군부독재 아래 여당에서 분당했다.

3 엠브라에르는 논란이 많은 민영화 과정 이후 중형 여객기를 세계의 항공사에 팔아, 1990년대 브라질에서 신자유주의의 몇 안 되는 산업적 성공 신화가 되었다. 엠브라에르는 에딩요 시우바가 시장이 되기 전해, 아라라콰라 외부에 새로운 대형 공장을 세우겠다는 계획을 발표했다.

4 페페 바르가스 박사는 1997~2000년 카시아스두술의 PT 시장을 지냈으며,

2001~2004년 2기에 재선되었다. 그는 PT 내 DS의 후원자다.

5 교사이자 학생, 학생이자 교사라는 발상은 1960년대 이후 브라질의 교육학자 파울루 프레리가 개발한 '억압받는 사람들의 교육학'에서 핵심 개념 중 하나다.

6_ 광역 단위를 넘어 : 하우그란지두술 주와 국가 차원

1 '지방정부의 특징 가운데 하나인 공공 업무의 주민 참여 관리는 브라질에서 국가와 사회의 관계를 개조하는 데 중요한 역할을 해야 한다. 이는 국가 차원도 포함된다. 새로운 민주적 공공 영역의 개발은 대중의 공동 관리와 권력 분산을 지향하면서 대의민주주의와 참여민주주의를 결합하고, 부패와 싸우며, 권리를 신장하고, 거의 모든 의사 결정 과정에서 제외된 사회의 다수를 참여시키는 데 결정적 원인이 될 것이다. 이는 국가와 사회가 토론하고 결정하는 공간을 열고, 정치적 영향력을 행사하는 문화와 신자유주의의 가치를 대체하는 장이 될 것이다.' _2001년 말 헤시피에서 열린 12차 PT 전당대회 당시 승인한 통치강령안내지침에서

2 룰라와 그의 참모들은 당선 전부터 IMF와 협정을 비롯해 전임 정부가 떠안은 국제적 의무를 준수할 것이라고 약속했다. 룰라가 대통령에 취임한 직후, 안토니우 팔로치 재무 장관은 브라질의 기본 예산 흑자를 4.25퍼센트로 올리는 목표를 설정했다. 이는 IMF 협정이 요구하는 것보다 높은 수치다. 그해 말에 그는 이 목표가 룰라의 4년 임기 동안 계속될 것이며, 사회사업에 지출되는 범위는 상당히 제한될 것이라고 공언했다.

7_ 참여민주주의와 지방 권력 : 포르투알레그리의 경험

1 2001년 1월 포르투알레그리에서 열린 1회 WSF 당시 연설한 내용이다.

2 하울 폰트는 40여 년간 남부 브라질의 좌파 지도자였다. 1960년대 말 군부독재에 의해 투옥된 그는 1980년 PT의 창당 발기인이다. 이후 국가 지도부로 활동했으며, 1982년 히우그란지두술 주 상원 거거에 나선 PT의 첫 후보가 되었다. 1986년에는 주의 부지사로 선출되었으며, 주의회에서 PT

의 대표가 되었다. 1990년 연방 차관으로 선출되었고, 1993년 포르투알레그리의 2기 PT 행정부에서 부시장이 되었다. 1997~2000년 포르투알레그리의 시장을 지냈으며, 2002년 최다 득표로 히우그란지두술 주의회 상원에 다시 선출되었다.

3 군부독재(1964~1984년) 이후 브라질 최초의 헌법은 모순적이었다. 한편으로 헌법은 민정 이양의 보수적 성격을 공고히 했다. 이 과정은 군부 체제를 지원하던 과두제의 중요한 부문이 PT와 대중운동이 이끄는 더 급진적인 과정을 막기 위해 자리를 바꾼 것이다. 다른 한편으로 헌법에는 상당히 혁신적인 내용과 조항이 포함되었다. 공무원 연금 조건과 같은 일부 조항은 나중에 신자유주의적 의제를 지지하는 무리에게 비난을 받았다.

4 이런 '자치의회'는 PB의 일부가 아니며, 건강과 교육, 주택 같은 분야에서 지방 정책 입안을 돕는 연방 입법과 브라질 헌법에 보장된 지방의 자문적 기구다. 대다수 자치의회는 실제로 기능하지 않았거나 폐기되었다. 포르투알레그리 PB는 많은 자치의회에 새로운 활기를 불어넣었는데, 현실에서는 PB 주제별 총회의 작업과 상당한 중복이 있었다(2부 참고). 가장 성공한 사례는 아동과 청소년의 권리를 위한 자치의회다. 아동과 청소년을 위한 지역 정책을 입안하는 데 수백 개 단체가 함께했다.

5 타르수 젠후는 2001년 1월 포르투알레그리 시장으로 두 번째 임기를 시작했으며, 이는 PT의 네 번째 임기다. 그는 2002년 주지사 선거에 나가기 위해 사임했고, 부시장 주앙 베를레가 대행이 되었다.

6 페르난두 엔히키 카르도주 대통령이 자주 사용한 용어 '임시 조치(medidas provisorias)'는 행정부가 포고령으로 법제화할 수 있게 했으며, 차후에 국회 승인만 받으면 되었다.

8_ 지방정부와 사회주의 투쟁에 관한 논제

1 2002년 2월 포르투알레그리에서 열린 2회 WSF 당시 연설한 내용이다.

2 2회 WSF의 주요 토론은 4개 '주제별 축'으로 분류되었다. 하울 폰트는 '새로운 사회의 정치권력과 윤리'라는 네 번째 토론에서 참여민주주의 주제에 대해 발표했다.

9_ 오늘날 민주주의의 문제

1 2003년 1월 포르투알레그리에서 3회 WSF가 끝나고, PT의 DS가 '신자유주의의 위기에 대한 사회주의 대안'이라는 세미나를 마련했다. 여기서 하울 폰트가 연설한 내용이다.

2 이 연설은 룰라가 브라질리아에서 대통령에 취임하고 한 달이 지나지 않았을 때 한 것이다.

3 7장 미주 4 참조.

10_ 노동자당 지방정부와 사회주의

1 주앙 마샤두는 상파울루의 가톨릭대학교에서 경제학을 가르친다. PT 창당 발기인이며, 수년간 PT 국가집행위원회 회원이었다. 그는 PT 내 DS가 발행하는 신문 〈엥 템푸(Em Tempo)〉의 편집장이다.

2 이와 유사한 관심이 다른 도시에도 나타났다. 루이자 에룬디나(Luiza Erundina)는 1989년 상파울루의 PT 시장이 된 직후, 자신의 행정부가 '브라질에서 시작될 사회적 혁명'을 보여준다고 말했다. 이는 PT의 새 자치정부를 지배한 분위기를 알려준다.

3 PT 전체가 처음부터 WSF를 지원했지만, 그것을 실현하기 위한 진정한 의지는 유동적이었다.

4 이 장은 하울 폰트, 엘로이사 엘레나(Heloisa Helena), 주앙 마샤두, 조아킹 소리아누(Joaquim Soriano)가 2001년 PT 전당대회에서 발표한 〈Atualidade de um Programa Socialista 사회주의 강령의 현 상태〉라는 글에 실린 생각을 발전시킨 것이다. 이 글의 영어 번역은 《Lula President: A New Political Period in Brazil 룰라 대통령 : 브라질의 새로운 정치적 시기》라는 소책자에 실렸다. 폰트가 이 소책자를 3회 WSF에서 배부했다. 이 장에서는 아직 신생인 룰라 정부의 대차대조표를 만들 목적은 없지만, PT 중앙정부 내부를 지배하는 관점과 아주 다른 관점을 분명히 밝힌다.

5 이는 전형적인 사회민주당이 아니던 살바도르 아옌데(Salvador Allende) 시기의 칠레 사회주의당을 언급하는 것이 아니다.

6 여기서 '소비에트'는 초기 혁명 기간의 소비에트가 아니라 옛 소비에트연방을 뜻한다.

7 '국가 발전주의(National developmentalism)'도 수십 년간 빠른 경제성장을 이룩했지만, 브라질 같은 나라에 진정한 독립을 가져다주지도, 제한된 형태의 부르주아 민주주의를 넘어서지도 못했다.

8 브라질에서 민영화는 사회적·경제적 발전을 위해 국가 은행을 통해 공적 자금을 지원 받았다.

9 고용주의 의무를 어기려는 대기업의 방편에 불과한 가짜 협동조합도 있다.

10 이 관점은 2002년 룰라 후보를 위해 PT가 채택한 강령에 잘 반영되었다. 하지만 지금까지 새 브라질 정부의 실천에 확실한 영향을 주지 못했다.

11 John M. Keynes, *General Theory of Employment, Interests and Money, Collected Writings*, Vol. 7, London: Macmillan, 1973, p. 372.

12 신슘페터(neo-Schumpeterian) 경제학자들이 '국가 혁신 체계'라고 부르는 것.

13 이는 브라질뿐만 아니라 PT에서도 그랬듯이, 선거운동은 마케팅 기법에 달린 것이 아니라는 의미다.

14 지금까지 역사적 경험으로는 새로운 세기의 상황에서 그런 파열이 어떤 형태로 나타날지 정확히 말하기에 충분하지 않다.

15 이는 러시아혁명 이듬해 국제공산주의운동에서 처음 논의된 방법으로, 레온 트로츠키(Leon Trotsky)가 1938년에 출간한 《사회혁명과 이행기 강령 The transitional program for socialist revolution》과 유사하다. 역사적 상황은 사회주의사상에 대한 신뢰가 훨씬 폭넓게 퍼진 당시와 매우 다르다. 오늘날 사회주의로 전환을 상상하려면 그런 신뢰를 회복할 수 있는 과정이 필요하다. 혁명적 단절을 위한 트로츠키의 전략이 오늘날 상대적으로 평화로운 선거 승리의 가능성과 어떻게 관련되는지에 대한 질문은 이 책의 범위를 벗어난다.

찾아보기

UN이 선정하고
세계가 배우는 | 포르투알레그리의
주민참여예산제도

펴낸날 2018년 7월 27일 초판 1쇄
엮은이 이안 브루스(Iain Bruce)
옮긴이 최상한
만들어 펴낸이 정우진 강진영 김지영
꾸민이 Moon&Park(dacida@hanmail.net)
펴낸곳 (04091) 서울 마포구 토정로 222 한국출판콘텐츠센터 420호 도서출판 황소걸음
편집부 (02) 3272-8863
영업부 (02) 3272-8865
팩 스 (02) 717-7725
이메일 bullsbook@hanmail.net / bullsbook@naver.com
등 록 제22-243호(2000년 9월 18일)
ISBN 979-11-86821-25-1 03350

황소걸음
Slow&Steady

이 도서의 국립중앙도서관 출판시도서목록(CIP)은 서지정보유통지원시스템 홈페이지(http://seoji.nl.go.kr)와
국가자료공동목록시스템(http://www.nl.go.kr/kolisnet)에서 이용하실 수 있습니다.
(CIP제어번호 : CIP2018021266)